Dagmar von Gramm
illustriert von Jim Avignon

Rezepte
für clevere Köche

Auf die Dose-fertig-los!

Eichborn

Dagmar von Cramm, ausgebildete Ökotrophologin, ist Journalistin und erfolgreiche Buchautorin. Bei Eichborn erschienen unter anderem: Das Papa-Löwe-Kochbuch; Aldidente Diät und Aldidente – Kochen für viele.

Jim Avignon, geboren ca. 1967, lebt und arbeitet als Bildender Künstler und »schnellster Maler der Welt« in Berlin.

1 2 3 4 07 06 05

Umschlaggestaltung: Christina Hucke unter Verwendung einer Illustration von Jim Avignon
Lektorat: Oliver Thomas Domzalski
Gestaltung und Satz: Cosima Schneider
Druck und Bindung: FVA, Fulda
Karton: Sachsendruck, Plauen
ISBN 3-8218-4911-8 (Buch und Dosenöffner im Karton)
ISBN 3-8218-4923-1 (Buch)

Verlagsverzeichnis schickt gern:
Eichborn Verlag, Kaiserstr. 66, D-60329 Frankfurt am Main
www.eichborn.de

Inhalt

Vorwort

»Mami – wer eine Dose kauft, der will nicht kochen« – Cornelius, 22, sitzt kritisch am Küchentisch. Dabei war er erst Feuer und Flamme: Dose findet er als Student und Spontanesser cool. Sie ist super, wenn man wieder mal nicht zum Einkaufen kam und um Mitternacht so richtig Appetit bekommt. Schwupp, die Ravioli aufgewärmt oder köstlich die Wienerle gleich aus der Dose gegessen. Das macht glücklich! Außerdem: Dosen können echt Kult sein, nach Andy Warhol und seiner Tomatensuppendose. Dose ist cool. Hat ja auch was durchaus Männliches. Nici, 19, ist da ganz Fachmann. Er kommt frisch vom Bundeswehr-Biwak: »Da bekommen wir so Dosen, die wir ins Feuer schmeißen, und dann kann man sie essen. Also die eine, so mit Tomaten und Reis, die schmeckt echt gut.«

ABER KOCHEN? Die Jungs gucken mich mitleidig an.

Na, denen werd ich's zeigen! Ich weiß doch, was in der Dose steckt …

Die Rezepte müssen eben ganz, ganz einfach sein. Und superschnell. Das kann man von einem Dosenrezept nun mal erwarten. Der Inhalt ist ja schon fertig: kein Waschen, kein Putzen, kein Garen – das muss man ausnutzen. Aber raffiniert und etwas Besonderes – das soll schon auch sein. Der Dose sozusagen eine höchst individuelle Note verpassen. Eine neue Kreation zaubern. Das ist ja der Hauptgrund, aus dem man überhaupt kocht. Und zwar mit Zutaten, die es in jedem Supermarkt gibt.

»Und wenn man nun deine kreative Zutat gerade nicht im Kühlschrank hat?«

Also jede Menge Varianten müssen sein: Wenn kein Risottoreis da ist, tut es auch Milchreis, wenn Rucola fehlt, geht auch Salat oder Spinat, und statt Linsen schmecken auch Bohnen oder Kichererbsen.

»Und wenn ich nun nur noch eine Dose Ölsardinen finde? Was mache ich damit?«

Dem Jungen kann geholfen werden: Ein Dosen-Rezept-Finder muss her, wo unter Ölsardinen alle Rezepte stehen, die Ölsardinen enthalten.

Noch was? »Also, eine Pizza kauf' ich tiefgefroren«, meint Magnus, 15. Sehe ich ein. Pizzarezepte gibt es nicht in meinem Kochbuch.

Ich stürze mich ins Dosenabenteuer. Meine Familie wird zur Versammlung von Dosenexperten.

Die Berge von leeren Dosen wachsen – ich hebe sie für meine Notizen auf (natürlich weiß ich, dass man sie umweltpolitisch korrekt entdeckelt und zum Flachpack zusammendrückt …). Ich mache neue Entdeckungen – von Hülsenfrüchten und Chinatöpfen war früher nämlich noch keine Rede. Auch die Suppenauswahl ist förmlich explodiert. Und bei Tomaten ist die Qual der Wahl beträchtlich: im Ganzen, gehackt, püriert, mit Pizzagewürz, italienisch, provenzalisch usw. Auch die Eintöpfe haben einen eindeutigen Hang zur Globalisierung – von Mexiko über Indien nach China. Aber zum Glück gibt es auch noch die regionalen Klassiker wie Königsberger Klopse oder Pichelsteiner.

Cornelius wird schwach beim Steak Stroganoff: »Also, das mach' ich nach.« Nici streckt die Waffen bei der Tomatensauce nach Omas Art: »Hmmmm. Schmeckt wirklich wie bei Omami!« Und Magnus? Liebt Spaghettiauflauf mit Hackklößchen.

Mein Mann? Den musste ich nicht überzeugen, der ist Kaviar-Fan. Und der kommt schließlich auch aus der Dose.

Jetzt muss ich nur noch Sie überzeugen. Wetten, dass ich das schaffe?

AUF DIE DOSE – FERTIG – LOS.

Dagmar von Cramm

Was der Dosenkoch braucht

1. Wichtigstes Utensil: ein Dosenöffner – am besten ein Kantenfrei-Öffner.

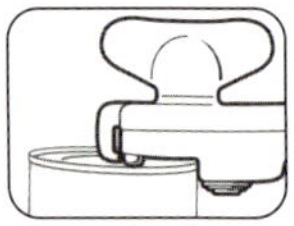

1. Dosenöffner flach auf Dose ansetzen. Griffe zusammendrücken.

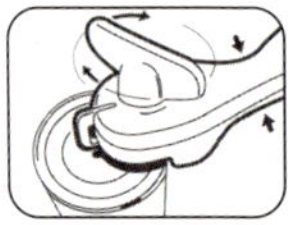

2. Nach einer Dosenumdrehung Griff öffnen und Öffner entfernen.

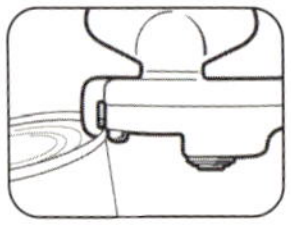

3. Mit offenem Griff Zange ansetzen.

4. Griffe zusammendrücken und Deckel abheben.

2. Für einige Rezepte ist ein Herd oder ein Backofen notwendig – bei anderen reicht ein Küchentisch. Und natürlich Messer, Löffel, Schüssel, Topf und Pfanne. Besonders praktisch bei einigen Gerichten: ein Pürierstab.

3. Ein gut gefülltes Gewürzregal mit Pfeffer (am besten aus der Mühle), Paprikapulver edelsüß, Currypulver, getrockneten Kräutern der Provence, getrockneten italienischen Kräutern, chinesischem 5-Gewürz-Pulver, Röstzwiebeln und Kreuzkümmel. Und natürlich Salz.

4. Ein paar Saucen und Essenzen: Senf, Tomatenmark, Ketschup und vielleicht noch eine süß-saure Sauce.

5. Zusätzlich sind frische Zutaten toll, die etwas länger halten, wie beispielsweise Ingwer, Zitrone oder Limette, Zwiebeln, Knoblauch und vielleicht ein Petersilientöpfchen.

6. Nudeln, Reis, Zucker und Mehl – Dauervorräte hiervon sind ein Muss. Auch Rapsöl im Haus zu haben ist immer gut – das können Sie übrigens bei fast allen Rezepten statt Butter verwenden. Olivenöl darf natürlich ebenfalls nicht fehlen.

7. Eine gut gefüllte Bar bringt Pep in die Küche: Rot- und Weißwein, Prosecco, Obstschnaps, Wermut, ein Likör und Cognac runden den Geschmack der Gerichte ab.

8. Nun wird's spannend. Das Grund-Dosensortiment für alle Fälle: Kondensmilch, Tomaten, Mais, grüne Bohnen, Erbsen, Linsen, Kidney-Bohnen, Sauerkraut, Rotkohl, Würstchen, Thunfisch, Ölsardinen, Mandarinen, Ananas und Aprikosen.

9. Das erweiterte Grundsortiment: Tomatencremesuppe, Champignoncremesuppe, Spargelcremesuppe, Erbseneintopf, Ravioli, Hühner-Reistopf, Chili con Carne, Mexikogemüse, Chinagemüse und Fleisch im eigenen Saft.

10. Die Luxusreserve für Singles und Aufschneider: Kaviar, Krebsfleisch, Leberpastete, Hummercremesuppe und Rinder-Consommé.

Die Sprache der Dose

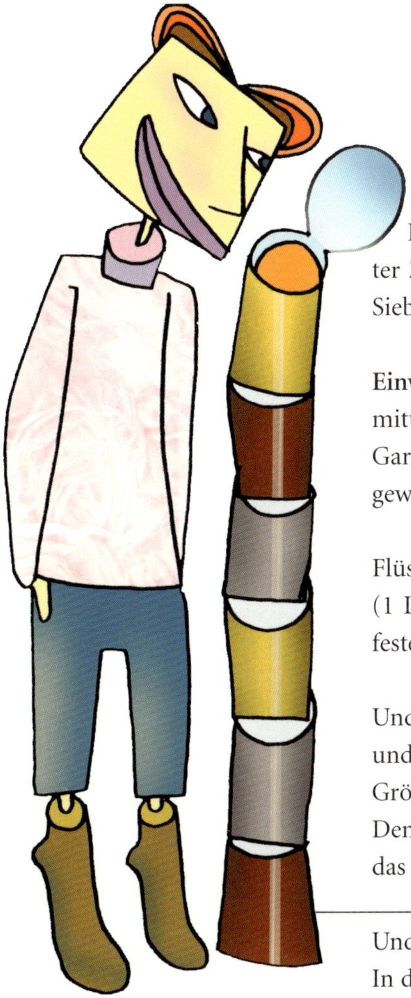

Haben Sie sich auch schon manchmal gefragt, was »Netto-inhalt«, »Abtropfgewicht«, »Einwaage«, die ganzen Abkürzungen und die umrandete Zahl auf den unterschiedlichen Dosen eigentlich bedeuten?

Unter **Netto-Inhalt** oder **Inhalt** versteht man alles, was die Dose füllt, tutto kompletto. Beispielsweise Obststücke plus Saft oder Gemüse inklusive Aufguss.

Das **Abtropfgewicht** dagegen ist allein das Gewicht fester Zutaten wie Obst und Gemüse, nachdem sie in einem Sieb gut abgetropft sind.

Einwaage bezeichnet das Gewicht, das das feste Lebensmittel vor dem Eindosen gewogen hat. Denn durch das Garen und Lagern in Flüssigkeit verändert sich das Eigengewicht etwas.

Flüssiger Inhalt wird meist in ml, also Milliliter angegeben (1 Liter = 1000 ml). Entsprechend ist die Maßeinheit für feste Zutaten g = Gramm.

Und die Zahl, die oft in einem rechteckigen Kasten steht und ein bisschen höher ist als die g-Angabe? Das ist die Größe beziehungsweise **das Volumen** der Dose in Milliliter. Denn 1 g einer Substanz ist meistens nicht genau 1 ml. Aber das ist schon fast akademisch ...

Dosenpyramide in Rekordzeit
Nur 24 Minuten hat ein Team malaysischer Studenten gebraucht, um aus 9455 leeren Dosen eine 1,98 m hohe Dosenpyramide aufzubauen. (Quelle: Guinness World Records 2005)

Und jetzt wird's praktisch:
In den Rezepten finden Sie bei Suppen den Inhalt in Milliliter.
Bei allen anderen Lebensmitteldosen gebe ich den Nettoinhalt in Gramm an – wenn ich also »200 g Bohnen« schreibe und die Dose einen Nettoinhalt von 600 g hat, müssen Sie ein Drittel des Inhalts nehmen.
Und unter uns: Aufs Gramm genau müssen Sie es bei meinen Rezepten nicht nehmen – es geht eher um die Orientierung zwischen Maxidose und Tellerportionen.

Party-Hummus
Cowboy-Bruschetta
Tuna-Wrap
Pesto-Platte
Ping-Pong-Salat
Kuss-Kuss-Salat
Kartoffelsalat Grüne Welle
Bohnen-Antipasti
Gazpacho
Truthahn-Tonnato

KALTE KLEINIGKEITEN

Im Orient fehlt Hummus, eine Spezialität aus pürierten Kichererbsen und der Sesampaste Tahina, auf keinem Buffet. Kein Wunder, denn die Vorspeise ist absolut partytauglich, schnell und einfach gemacht. Sie schmeckt besonders gut als Dip zu Fladenbrot oder Gemüse-Sticks. Tahina gibt es im türkischen oder asiatischen Lebensmittelladen oder im Biogeschäft.

TIPP

Richtig lecker sieht der Dip mit etwas gehackter Petersilie bestreut aus. Dazu gibt es knusprig geröstetes Fladenbrot und rohe Gemüse-Sticks wie Gurken, Karotten oder Stangensellerie.

Party-Hummus

Zutaten für 4–8 Portionen:

1 Dose Kichererbsen (400 g)
2 Knoblauchzehen
1 TL gemahlener Kreuzkümmel
2–3 EL Zitronensaft
5 EL Tahina (Sesampaste)
150 g Naturjoghurt (am besten griechischer)
Mineralwasser
Salz, Chilipfeffer

Zubereitungszeit: 15 Min. (+ 2 Std. Wartezeit)

Die Kichererbsen in ein Sieb gießen und abtropfen lassen, den Sud aufheben. Knoblauchzehen schälen.
Kichererbsen und Knoblauch mit allen übrigen Zutaten im Mixer fein pürieren, so viel Sud zugeben, dass ein Dipp entsteht.
Mit Salz und Chilipfeffer abschmecken und mindestens zwei Stunden, höchstens zwei Tage im Kühlschrank ziehen lassen.

VARIANTE

Für Hot Hummus den Dip in eine kleine, flache Auflaufform füllen und glatt streichen. Mit einigen Butterflöckchen belegen und mit Pinienkernen bestreuen. Auf der mittleren Schiene im Backofen bei 200 Grad ca. 20 Min. backen. Dazu schmecken Pellkartoffeln.

INFO

Die Flüssigkeit aus der Dose nicht weggießen. Sie enthält wertvolle Mineralstoffe, die beim Garen aus den Kichererbsen ausschwemmen.

Die Bruschetta kommt aus Italien und ist eine leckere Möglichkeit, altes Brot zu verwerten. Sie schmeckt als Snack zu Wein oder Bier, als Appetizer vor einem Essen oder zu einem Salat. Für eine richtige Bruschetta werden die Brotscheiben in der Pfanne oder im Ofen geröstet. Einfacher ist es, sie zu toasten.

Cowboy-Bruschetta

Zutaten für 2 Portionen:

5 Radieschen
1 Zwiebel
3 Cornichons (Gewürzgürkchen)
1 EL Öl
4 Scheiben altbackenes Roggenbrot
1/2 Dose Corned Beef (die Hälfte von 340 g)
Pfeffer (am besten aus der Mühle)

Zubereitungszeit: 10 Min.

Radieschen waschen, Wurzeln und Blätter abschneiden. Die Zwiebel schälen. Radieschen, Zwiebel und Cornichons in kleine Würfel schneiden. Alles in eine Schüssel geben und etwas Cornichonsud untermischen.
Etwas Öl in einer Pfanne erhitzen. Brotscheiben darin von beiden Seiten anrösten.
Corned Beef in Scheiben schneiden und die gerösteten Brotscheiben damit belegen. Glatt streichen und den Radieschen-Zwiebel-Cornichons-Mix auf das Corned Beef verteilen. Mit etwas Pfeffer würzen.

INFO

Corned Beef ist gekochtes und gepökeltes Rindfleisch, das typischerweise in eckigen Dosen angeboten wird. Seinen Anfang nahm es, wie viele Dosengerichte, als haltbarer Vorrat an Bord von Schiffen.

VARIANTEN

Für vegetarische Bruschetta die Brote mit Senf bestreichen, mit Scheiben von zwei hart gekochten Eiern belegen und den Radieschen-Zwiebel-Cornichons-Mix darauf verteilen.
Für eine »Bruschetta Mare« die Brote mit Meerrettich bestreichen, Ölsardinen aus der Dose darauf legen, mit gehacktem Rucola-Salat bestreuen und mit Limettensaft beträufeln. (Statt Ölsardinen tun's auch Artischockenherzen aus der Dose.)

Wraps sind Sandwiches zum Selberdrehen! Basis für die Star-Rollen sind hauchdünne Weizenfladen. Diese gibt es fertig abgepackt in gut sortierten Supermärkten, manchmal auch unter dem Namen Pita-Fladen oder Tortilla. Fest in Frischhaltefolie gewickelt, sind Wraps ein super Mitnehm-Snack.

VARIANTE

Öfter mal die Rolle wechseln! Die Wraps schmecken auch gut mit Schinken, Käse, Gurkenstiften und Tzatziki gefüllt, mit Fetakäse, Tomaten, Peperoni und Sauerrahm-Ketschup-Dip oder mit Cabanossischeiben, Paprika, Mais und Sauerrahm-Senf-Dip.

Tuna-Wrap

Zutaten für 2 Portionen:

einige Blätter Eisbergsalat
2 Tomaten
1 gelbe Paprika
1/2 Dose Sojasprossen (die Hälfte von 400 g)
100 g Sauerrahm (20%)
4 EL süß-saure Sauce oder Mango-Chutney (Asia-Laden)
1 Dose Thunfisch naturel (185 g)
4 Wrap-Fladen

Zubereitungszeit: 15 Min.

Salatblätter waschen und klein rupfen, harte Blattrippen oder braune Stellen ausschneiden. Tomaten und Paprika waschen. Tomaten klein würfeln, dabei den Strunk entfernen. Paprika halbieren, von Stielansatz, Kernen und von weißen Trennwänden befreien und in schmale Streifen schneiden. Sojasprossen auf einem Sieb abtropfen lassen. Sauerrahm und süß-saure Sauce bzw. Mango-Chutney verrühren. Thunfischdose öffnen und die Flüssigkeit abgießen. Thunfisch mit einer Gabel zerpflücken und mit dem Sauerrahm-Mix verrühren.
Wrap-Fladen für 20 Sekunden in der Mikrowelle oder in einer Pfanne (dann einmal wenden) anwärmen.
Wraps auf einen Teller legen, mit dem Thunfisch-Sauerrahm-Masse bestreichen und mit den Salatblättern, den Tomatenwürfeln, den Paprikastreifen und den Sojasprossen belegen. Alles fest einrollen. Jede Rolle in der Mitte halbieren.

In der Pesto-Platte steckt ordentlich Power: Salat, rohes Gemüse und Kräuter liefern eine ganze Menge Vitamine, Mineral- und Bioaktivstoffe. Die Sardinen und das Pesto sorgen dafür, dass das Ganze nicht nur gesund ist, sondern auch satt macht.

TIPP

Dazu schmeckt frisches Baguette oder Ciabatta.

VARIANTE

Auf diese Platte passt alles, was Ihr Vorrat hergibt: Oliven und Riesenkapern, Muscheln und Kaviar, Krabben und Thunfisch. Für Fleischfans ein Stück Pastete, Terrine oder fingerdick geschnittener Schinken. Für Käseliebhaber ein Stück Parmesan oder Feta. Auf der frischen Seite sind Paprikaschoten, Avocadospalten (mit Zitronensaft beträufeln – werden sonst braun) gegrillte Zucchini, Frühlingszwiebeln, rohe Champignons, Chicorée, vorgedünsteter Rosenkohl, Brokkoli oder Blumenkohl toll – sogar kalte Pellkartoffeln! Das verbindende Element ist immer das Pesto. Statt Basilikum schmeckt es auch mit Rucola.

Pesto-Platte

Zutaten für 2 Portionen zum Sattessen, für 4 als Vorspeise:

Für das Pesto:
1/2 kleine Dose Flageolet-Bohnen oder weiße Bohnen (die Hälfte von 400 g)
3–4 EL geröstete Salzmandeln
1 Bund Basilikum
4–5 EL Olivenöl
Salz, Pfeffer

Für die Salatplatte:
einige grüne Salatblätter
4 junge Möhren
3 Tomaten
1 Dose Ölsardinen (125 g)
200 g (= 1 halbe kleine Dose) Flageolet-Bohnen oder weiße Bohnen
1 Dose Artischockenherzen (390 g)

Zubereitungszeit: 25 Min.

Basilikum waschen und die Blätter abzupfen. Mit den übrigen Pesto-Zutaten fein pürieren und dabei so viel Flageoletsud zugeben, dass ein cremiger Dip entsteht. Mit etwas Artischockenmarinade abschmecken und kurz durchziehen lassen.
Das rohe Gemüse waschen und abtropfen lassen. Eine große Platte mit den Salatblättern auslegen. Die Möhren schälen und längs halbieren, die Tomaten vierteln, dabei den Stielansatz entfernen.
Artischocken in einem Sieb abtropfen lassen, evtl. halbieren. Die Sardinen auf Küchenpapier abtropfen lassen. Jeweils in Gruppen das Gemüse und die Sardinen auf dem Salat anrichten. Die Bohnen abtropfen lassen, zwischen den Artischocken verteilen, mit etwas Artischockensud beträufeln. Auch die Möhren mit der Artischockenmarinade einstreichen – sie ist leicht säuerlich. Mit dem Pesto servieren.

Es gibt noch Reis von gestern? Dann ist Ping-Pong-Salat angesagt! Er schmeckt leicht chinesisch und passt supergut zu Chicken Wings, Spareribs oder Gegrilltem.

Ping-Pong-Salat

Zutaten für 4 Portionen:

2 Tassen gekochter Reis (etwa 300 g) oder 1 Tasse roher Langkornreis
1/2 Dose Ananasstücke (die Hälfte von 565 g)
1 kleines Glas Tomatenpaprika (370 g)
1 kleine Dose Flageolet-Bohnen (400 g)
1 Zwiebel
4 EL Ketschup
1–2 EL Sojasauce
Pfeffer (am besten Chilipfeffer)
50 g gesalzene Erdnüsse
1 TL Salz

Zubereitungszeit: 10 Min.

Keine Reisreste im Haus? Dann 1 Tasse Reis in einem trockenen Topf erhitzen, mit knapp 2 Tassen Wasser und 1 TL Salz aufkochen. Zugedeckt etwa 15 Min. bei kleiner Hitze ausquellen lassen, dann zum Abkühlen auf einer Platte ausbreiten.
Ananas und Tomatenpaprika abtropfen lassen. Tomatenpaprika klein schneiden. Bohnen abtropfen lassen und den übrigen Sud unter den Reis mischen. Zwiebel schälen und klein würfeln.
Aus Ketschup, Sojasauce, Pfeffer, 1–2 EL Ananassaft und 3–4 EL der Tomatenpaprika-Marinade das Salat-Dressing rühren.
Die Erdnüsse zwischen Küchenpapier abreiben und damit »entsalzen«. Alle Zutaten und das Dressing miteinander mischen. Salat noch mal mit Sojasauce und Pfeffer abschmecken und servieren.

INFO

Die grünen Flageolet-Bohnen (sprich: flascholeh) schmecken frischer und zarter als die bekannteren Red Beans. Deshalb lieben die Franzosen sie. Sie passen in jeden Salat, aber auch in Gemüsesuppen.

Couscous ist grober, polierter Weizengrieß und zählt zu den nordafrikanischen Spezialitäten. Er ist vorgedämpft, deshalb klumpt er nicht und muss nur kurz in kalter Flüssigkeit quellen. Es gibt ihn im türkischen Lebensmittelgeschäft oder in gut sortierten Supermärkten. Ideal fürs Picknick oder als Mitbring-Partysalat. Im Sommer toll als Beilage zum Grillen.

Kuss-Kuss-Salat

Zutaten für 2 Portionen:

1 Dose Frühlingssuppe (400 ml)
1 Zitrone
100 g Couscous
3 EL Olivenöl
1 Bund glatte Petersilie
2 Tomaten
3 Frühlingszwiebeln
1 Knoblauchzehe
Pfeffer, Salz

Zubereitungszeit: 20 Min.

Frühlingssuppe absieben, Flüssigkeit dabei auffangen und 150 ml davon abmessen. Zitrone auspressen.
Couscous, die festen Bestandteile der Suppe aus dem Sieb und die abgemessene Flüssigkeit, Zitronensaft und Olivenöl in einer Schüssel mischen. 10 Minuten quellen lassen.
Inzwischen Petersilie und Tomaten waschen. Zwiebel und Knoblauchzehe schälen. Petersilie fein hacken, Tomaten und Zwiebeln klein würfeln. Knoblauch pressen.
Alles zum gequollenen Couscous geben und vermischen. Mit Pfeffer und Salz würzen. Wenn der Salat länger steht, kann er zu trocken werden. Dann noch etwas Suppe zugeben und nachwürzen.

VARIANTE

Statt Frühlingssuppe können Sie jede andere klare Suppe verwenden und dem Salat z.B. mit Minestrone, Ochsenschwanz-, Sommergemüse- oder Thai-Suppe ein anderes Aroma geben. Richtig exotisch wird es, wenn Sie anstelle von Petersilie Koriandergrün aus dem Asia-Laden verwenden. Zum sättigenden Hauptgericht wird der Salat mit Feta-Würfeln oder Cabanossischeiben.

Tipp

Übrige Suppe mit Reisresten oder Suppennudeln servieren. Oder die ganze Dose verwenden und alle übrigen Zutaten verdoppeln.

Grüne Bohnen, die nicht nur farblich, sondern auch geschmacklich viel hermachen, stehen auf der Beliebtheitsskala ganz vorn. Die überzähligen Pellkartoffeln vom Vortag beschleunigen das Ganze ungemein.

VARIANTE

Für eine deftige Variante eine Hand voll Schinkenspeckwürfel anbraten und zum Kartoffelsalat geben. Für alle, die den Kartoffelsalat lieber cremig mögen: Ein hart gekochtes Ei mit 200 ml Joghurt und 2 EL Mayonnaise pürieren. Mit Salz und Pfeffer würzen und mit den Kartoffeln mischen.

TIPP

Wenn's Pellkartoffeln gibt, immer doppelt so viel kochen, wie man essen will – aus den restlichen kann man am nächsten Tag entweder Kartoffelsalat oder auch Bratkartoffeln machen.

Kartoffelsalat Grüne Welle

Zutaten für 2 Portionen:

8 Kartoffeln (ca. 600 g)
Salz
1 mittelgroße Zwiebel
8 Cornichons
100 ml Bouillon
1/2 Dose grüne Bohnen (die Hälfte von 400 g)
2 EL Öl
1 TL Senf
Salz, Pfeffer
4–6 Wiener Würstchen

Zubereitungszeit: 30 Min.

Kartoffeln gründlich waschen. In einen Topf geben, etwa eine Hand breit mit Wasser bedecken und etwas Salz dazugeben. Zum Kochen bringen, dann den Deckel auflegen und 15 Min. bei nicht zu großer Hitze kochen. Kartoffeln etwas auskühlen lassen und pellen. In dünne Scheiben schneiden.
Zwiebeln schälen und klein würfeln. Cornichons ebenfalls in Mini-Würfel schneiden.
Kartoffelscheiben und Bouillon in eine Schüssel geben und 10 Min. durchziehen lassen.
Zwiebel, Cornichons, grüne Bohnen und Öl dazugeben. Mit Senf, Salz und Pfeffer kräftig abschmecken. Evtl. etwas Cornichonsud zugeben.
Die Wiener Würstchen je nach Geschmack kalt servieren oder kurz in heißem Wasser erwärmen.

Antipasti, feine eingelegte Appetitanreger, sind ein Muss vor jedem italienischen Menü. Als Starter vor der großen Pasta-Portion oder als Beilage zu Gegrilltem reicht nachfolgendes Rezept für vier, als kleines Essen mit Brot für zwei. Aber Sie können ruhig einen leckeren Vorrat anlegen: Im Kühlschrank bleiben die Bohnen bis zu drei Tage frisch.

TIPP

Reste pürieren – schmeckt besonders als Brotaufstrich auf geröstetem Bauernbrot.

INFO

Gut, dass es vorgekochte Bohnen in Dosen gibt! Sonst wären die Antipasti-Bohnen ein echtes Langstrecken-Rezept: Getrocknete Bohnen müssen erst 24 Stunden eingeweicht werden und dann noch eine gute Stunde kochen.

VARIANTE

Zum Thunfischsalat wird das Ganze, wenn Sie 2 EL Öl verwenden, 1/2 in Streifen geschnittenen Eisbergsalatkopf, 1 Dose Thunfisch (naturel), ein paar Zwiebelringe und 2 EL Kapern unter die Bohnen mischen.

Bohnen-Antipasti

Zutaten für 2–4 Portionen:

1 Knoblauchzehe
4 Salbeiblätter
4 reife Tomaten
1 gelbe Paprikaschote
50 ml Olivenöl
1 Dose weiße Bohnen (400 g)
Saft einer halben Zitrone
Salz, Pfeffer

Zubereitungszeit: 20 Min.

Knoblauchzehe schälen und klein hacken. Salbeiblätter, Tomaten und Paprikaschote waschen. Bei den Tomaten die grünen Stielansätze, bei der Paprika Strunk, Kerne und weiße Trennwände entfernen. Beides in Mini-Würfel schneiden. Salbeiblätter waschen, trockenschütteln und in feine Streifen schneiden.
Öl mit Salbeiblättern und Knoblauch mischen. (Besonders aromatisch wird es, wenn Sie Salbei und Knoblauch im Öl andünsten.) Bohnen, Tomaten- und Paprikawürfel mit dem Zitronensaft in einer Schüssel mischen. Mit dem Salbei-Knoblauch-Öl marinieren und mit Salz und Pfeffer würzen. Abgedeckt mindestens 30 Min. im Kühlschrank durchziehen lassen. Dazu frisches Weißbrot servieren.

Wenn man an heißen Sommertagen nach einer Abkühlung lechzt, ist das spanische Nationalgericht, eine kalte Gemüsesuppe, genau das Richtige.

Gazpacho

Zutaten für 2–3 Portionen:

1 Zwiebel
2 Knoblauchzehen
1/2 Salatgurke
1 Dose Tomaten in Stücken (400 g)
1 Dose Gemüsemischung (400 g)
1 1/2 EL Olivenöl
1 kleines Bund Petersilie
ein Schuss Essig
Salz

Zubereitungszeit: 15 Min. (+2 Std. Wartezeit)

Zwiebel und Knoblauchzehen schälen. Zwiebel klein hacken und Knoblauchzehen durch eine Presse drücken. Salatgurke waschen, schälen und in Scheiben schneiden. Petersilie waschen, trockenschütteln und grob hacken. Gemüsemischung samt Sud, Tomaten, Gurkenscheiben und Petersilie mit dem Pürierstab oder im Mixer pürieren. Mit Essig und Salz abschmecken, dann 1 1/2 EL Olivenöl, Zwiebelwürfel und Knoblauch hinzufügen.
Wasser zugeben, so dass die Suppe leicht cremig wird. Die Suppe für mindestens 2 Stunden kalt stellen. Danach nochmals abschmecken.

TIPP

Zum Gazpacho passt geröstetes Knoblauchbrot. Ganze Scheiben Brot in Olivenöl braten (siehe Bruschetta) und danach mit einer angeschnittenen Knoblauchzehe einreiben.

VARIANTE

Als Einlage schmecken auch Avocado in Würfeln, grüne Paprika, Kapern oder gehackte Oliven.

Vitello tonnato [ital. wörtlich: »gethuntes Kalb«] wird aus pochiertem Kalbfleisch und einer kalten Sauce aus Thunfisch, Olivenöl, Brühe und Kapern zubereitet. Der italienische Klassiker ist besonders an lauen Sommerabenden unersetzlich. Aber erst mit Putenbust vom Metzger wird das Ganze zum Blitzrezept.

TIPP

Zum Truthahn-Tonnato schmeckt kross geröstetes Ciabatta. Als Deko Limettenscheiben rund um den Rand legen. Wer Thunfisch ohne Öl verwendet, sollte die doppelte Menge Olivenöl zugeben.

VARIANTE

Die Thunfischpaste schmeckt auch als Dip oder auf gegrillten Auberginenscheiben.

INFO

Thunfisch in der Dose sollte in jedem Vorratsschrank stehen. Damit werden Salate zum Hauptgericht, lässt sich Pizza belegen und kann man Pasta-Saucen zaubern.

Truthahn-Tonnato

Zutaten für 4 Portionen:

200 g Putenbrust-Aufschnitt
1 Dose Thunfisch in Öl (185 g)
1 Limette (Saft)
3–4 EL Olivenöl
3 EL süße Sahne
1 kleines Glas Kapern (35 g)
Pfeffer

Zubereitungszeit: 15 Min.

Putenbrust flächig auf einer Platte oder einem großen Teller auslegen.
Thunfisch mit Öl, Saft einer Limette, Olivenöl, Sahne, Kapernsud und Pfeffer fein pürieren. Wenn nötig, noch etwas Wasser zugeben.
Über die Putenbrust gleichmäßig verteilen, mit einem Löffel glatt streichen, mit Kapern bestreuen.

Exotische Tomatensuppe
Frische Erbsensuppe
Spargelrisotto
Pizza-Kartoffeln
Geschnetzeltes à la Student
Indisches Lammcurry

AUS DEM TOPF

Kokosmilch, frischer Ingwer und Orange machen die gute alte Tomatensuppe im Handumdrehen zu einem ganz neuen Geschmackserlebnis.

INFO

Für Suppen und Sauce sind geschälte Dosentomaten [ital. Pellati] perfekt. Sie haben nicht nur viel mehr Sonne und Aroma getankt als die Treibhaustomate, sondern sind auch noch genau so randvoll mit Fitmacher-Carotinoiden wie frische Tomaten.

Exotische Tomatensuppe

Zutaten für 2–3 Portionen:

1 Dose Tomaten (400 g)
1 Dose Kokosmilch (400 ml)
1 Stück Ingwerwurzel, kleinfingerlang
1 Orange
Salz, Pfeffer
Sojasauce

Zubereitungszeit: 10 Min.

Ingwerwurzel schälen und auf einer Reibe klein reiben. Orange schälen und das Fruchtfleisch in kleine Stücke schneiden.
Tomaten in einen Topf geben und pürieren. Kokosmilch und Ingwer zugeben und 3 Min. leicht köcheln lassen. Orangenstücke zugeben, mit etwas Salz, Pfeffer und Sojasauce abschmecken.

VARIANTE

Orange durch Limette ersetzen, das erhöht die Exotik. Für eine klassische Tomatensuppe je 1 klein gewürfelte Zwiebel und Knoblauchzehe in etwas Öl andünsten. 1 Dose Tomaten zugeben, mit Salz, Pfeffer und 1 TL getrocknetem Oregano würzen. Ca. 3 Min. stark einkochen lassen. Alles pürieren und mit einem Schuss Sherry und 100 ml steif geschlagener Sahne abschmecken. Mit frischem, gehacktem Basilikum garnieren.

Diese Erbsensuppe schmeckt wie für Prinzessinnen gemacht – und ist so einfach zuzubereiten wie eine Tütensuppe. Ihr Geheimnis ist der frische Kopfsalat, der nach französischer Manier mitgegart wird. Dazu die superzarten Erbsen aus der Dose und die knusprigen Croûtons – und man fühlt sich wie auf Matratze sieben!

Frische Erbsensuppe

Zutaten für 2 Portionen:

1 kleine Zwiebel
1 kleiner Kopfsalat
einige Blätter frische Minze
1 EL Öl oder Butter
1 Dose Erbsen (400 g)
etwas Balsamico-Essig
Salz, Pfeffer
100 ml süße Sahne
2 EL Croûtons (ca. 30 g)

Zubereitungszeit: 15 Min.

Zwiebel schälen und in Scheiben schneiden. Kopfsalat putzen, waschen und in kleine Stücke reißen. Minze waschen und die Blätter abzupfen.
Zwiebel in einem hohen Topf glasig dünsten. Dann Kopfsalat zugeben und weiterdünsten, bis er zusammenfällt.
Erbsen mit Sud, Minze, einen Schuss Balsamico-Essig und etwas Salz und Pfeffer zugeben. Alles mit dem Pürierstab fein pürieren.
Süße Sahne mit dem Handrührgerät anschlagen (2–3 Min.) und mit einem Kochlöffel vorsichtig unter das Erbsenpüree ziehen. Croûtons darauf verteilen.

TIPP

Die Croûtons sind aus einer Scheibe Brot (auch altes Brot geeignet) leicht selbst gemacht. Einfach in Würfel schneiden und in einer Pfanne mit etwas Öl knusprig braten. Besonders aromatisch schmecken sie, wenn sie in Kräuterbutter geröstet werden.

VARIANTE

Sättigender wird die Suppe, wenn Sie eine Hand voll Krabben oder klein geschnittene Wiener Würstchen am Ende zugeben. Für Karottensuppe 1 Dose Karotten statt der Erbsen verwenden, den Kopfsalat weglassen, ein walnussgroßes Stück Ingwer schälen, klein würfeln und mit der Zwiebel zusammen anbraten und mit Orangensaft oder Weißwein abrunden.

Risotto [zu ital. riso = Reis] ist eine typisch italienische Spezialität aus gedünstetem Reis mit geriebenem Parmesan und anderen Zutaten wie z.B. Pilzen oder Tomaten. Das Wichtigste: Er muss schön cremig sein. Das kriegt man aber nicht nur mit teurem Risottoreis hin, sondern auch mit normalem Milchreis. Risotto köchelt am besten in Spargelcremesuppe und wird dabei ganz von alleine wunderbar aromatisch. Geben Sie ein wenig Prosecco hinzu – dann bekommt das Ganze einen zusätzlichen Frische-Kick.

TIPP

Mit einem Schuss Sahne, etwas fein gehackter Petersilie, Basilikum oder Rucola oder einer Tasse in dünne Scheiben geschnittenem frischen Spargel wird der Risotto noch feiner. Alles erst am Ende dazugeben und hineinrühren.

Spargelrisotto

Zutaten für 2 Portionen:

1 Zwiebel
2–3 EL Butter
200 g Milchreis (oder Risottoreis)
1 Dose Spargelcremesuppe (425 ml)
1/8 l Weißwein oder Prosecco

Zubereitungszeit: 30 Min.

Zwiebel schälen und in feine Würfel schneiden.
1 EL Butter in einem Topf erhitzen. Zwiebel und den Reis darin bei kleiner Hitze goldgelb andünsten, bis sie glasig aussehen.
Suppe und Wein zugeben, alles aufkochen lassen und umrühren. Bei kleiner Hitze etwa 20 Min. leicht kochen lassen, ab und zu umrühren. Wenn die Flüssigkeit zu knapp ist, etwas Wasser zugeben. Am Ende müssen die Körner gar sein, aber noch etwas Biss haben.
Mit der restlichen Butter abschmecken und servieren.

VARIANTE

Andere Suppe – anderer Geschmack: Statt in Spargelcremesuppe können Sie den Risotto auch in Tomaten-, Champignon-, Pfifferling-, Kürbiscreme- oder Kräutercremesuppe garen.

Einfach genial: Hier werden die Kartoffeln anstatt in Salzwasser in Pizza-Tomatensauce gekocht – so kriegen sie ordentlich Geschmack. Die Pizza-Kartoffeln schmecken solo als vegetarisches Hauptgericht, als Beilage zu Schnitzel, Rühreiern, Frikadellen oder zu gedünstetem Brokkoli.

VARIANTE

Würziger wird es mit Fetakäse statt Mozzarella und 1 TL Kräutern der Provence (getrocknet). Statt in Pizza-Tomatensauce können Sie die Kartoffelwürfel auch in einer Cremesuppe kochen, z.B. Tomaten-, Brokkoli-, Champignon- oder Kürbiscremesuppe. Für Bouillonkartoffeln eine klare Suppe, z.B. Ochsenschwanz- oder Zwiebelsuppe verwenden. Mozzarella, Basilikum und Knoblauch in diesem Fall weglassen.

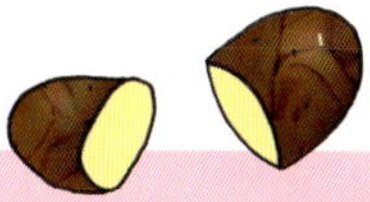

Pizza-Kartoffeln

Zutaten für 2 Portionen:

8–10 Kartoffeln (ca. 700 g)
1 Mozzarella (125 g)
1 Knoblauchzehe
200 ml Gemüsebrühe
1 Dose Pizza-Tomatensauce (400 g)
Salz, Pfeffer
1 Bund Basilikum

Zubereitungszeit: 25 Min.

Kartoffeln waschen und mit einem Sparschäler schälen. Mozzarella aus der Packung nehmen und abtropfen lassen. Kartoffeln und Mozzarella in ca. 1,5 cm große Würfel schneiden. Knoblauchzehe schälen.
Gemüsebrühe und Kartoffelwürfel in einen Topf geben. Knoblauch dazupressen und alles 5 Min. köcheln lassen, dann die Pizza-Tomatensauce zugeben, salzen und pfeffern und etwa 15 Min. weiterkochen lassen, bis die Kartoffeln gar sind.
Mozzarellawürfel zugeben und alles weitere 2 Min. köcheln lassen, so dass der Mozzarella gerade anfängt zu schmelzen.
Basilikum waschen, Blätter mit einer Schere in den Topf schneiden, unterziehen.

INFO

Je kleiner die Kartoffelwürfel, desto schneller sind sie gar. Intensiver wird der Geschmack mit 1 EL Pesto statt frischem Basilikum.

Geschnetzeltes ist eine schweizerische Spezialität. Die kurzgebratenen, exotisch gewürzten kleinen Fleischscheibchen werden durch die cremige Suppe schön mild und sind ruckzuck fertig. Den Extra-Kick gibt das Studentenfutter. Die Nüsse sorgen für knackigen Biss und supergesunde Fettsäuren, die Rosinen für dezente Süße.

VARIANTE

Das Geschnetzelte funktioniert genauso gut mit Puten- oder Hühnerfleisch. Die Lauchcremesuppe durch Kräutercreme-, Pfifferlingcreme-, Champignoncreme- oder Tomatencremesuppe ersetzen. Fruchtiger wird es, wenn Sie am Ende eine Hand voll Ananasstücke zur Sauce geben.

TIPP

Dazu passen Reis, Nudeln oder Gnocchi. Mit einem Schuss Sahne wird das Geschnetzelte noch feiner.

Geschnetzeltes à la Student

Zutaten für 2 Portionen:

1 EL Öl
200 g Geschnetzeltes vom Schwein
2 TL Currypulver
1/2 Tasse Studentenfutter (Mix aus Nüssen und Trockenfrüchten)
1 Dose Lauchcremesuppe (425 ml)
1 Schuss Orangensaft
Salz, Pfeffer

Zubereitungszeit: 10 Min.

Öl in einer Pfanne erhitzen. Schweinegeschnetzeltes darin rundherum kräftig anbraten, das dauert etwa 5 Min. Currypulver darüber stäuben und das Studentenfutter dazugeben.
Die Lauchcremesuppe in die Pfanne gießen und 3 Minuten köcheln lassen, ab und zu umrühren.
Geschnetzeltes mit dem Orangensaft und etwas Salz und Pfeffer abschmecken.

INFO

Schon mal gehört, dass Curry gar kein eigenes Gewürz ist, sondern ein Mix aus verschiedenen Gewürzen? Häufige Zutaten: Kurkuma (das sorgt für die gelbe Farbe), Kreuzkümmel, Chili, Pfeffer, Koriander, Nelken, Muskat, Piment, Senfkörner, Zimt und Ingwer. Im Asia-Laden gibt es die größte Curryauswahl – einfach mal durchtesten, was die optimale Mischung ist. Oder gleich selbst mixen, so wie jede indische Hausfrau.

Einmal im Topf, macht sich das Lammcurry fast von alleine: es köchelt vor sich hin, bis sich alle Aromen aufs Köstlichste miteinander verbunden haben. Ideal für ein entspanntes Essen mit Freunden, denn das Curry lässt sich gut vorbereiten (auch schon am Vortag) und wird durch Aufwärmen oder Warmhalten sogar noch besser.

TIPP

Zum Lammcurry gehört unbedingt Gurken-Raita, die indische Tzatziki-Variante aus Joghurt und Gurkenraspeln, gewürzt mit Salz, Pfeffer und etwas Kreuzkümmel (Cumin). Als Beilage passt Reis oder kräftiges Bauernbrot.

VARIANTE

Statt Lammragout Rindergulasch oder klein gewürfelte Hühnerbrust (Achtung: Schmoren entfällt!) verwenden. Die Linsen können Sie durch Kichererbsen oder rote Kidney-Bohnen aus der Dose ersetzen. Für die schärfere Variante eine rote Pfefferschote klein würfeln und mit anbraten. Fruchtig-exotisch wird es, wenn Sie ein paar in Streifen geschnittene Trockenaprikosen mit den Zwiebeln zum Curry geben.

Indisches Lammcurry

Zutaten für 4 Portionen:

400 g Lammragout
1 große Zwiebel
2 Knoblauchzehen
2 EL Öl
Salz, Pfeffer
2 TL Currypulver
etwas Zimtpulver
2 EL Tomatenmark
1 Dose Linsen (400 g)

Zubereitungszeit: 25 Min. (+ 30 Min. Schmorzeit)

Lammragout kalt abspülen und trockentupfen. Zwiebel schälen und würfeln. Knoblauch schälen und fein hacken. Öl in einem Topf erhitzen. Fleisch darin unter Rühren rundherum kräftig anbraten, das dauert etwa 15 Min. Mit etwas Salz und Pfeffer würzen und mit Curry- und etwas Zimtpulver bestäuben. Zwiebel und Knoblauch zugeben, dann das Tomatenmark kurz mitrösten. Mit 300 ml Wasser ablöschen.
Bei schwacher Hitze zugedeckt 30 Min. schmoren, dabei ab und zu umrühren. Nach 20 Min. die Linsen samt Flüssigkeit zufügen. Ragout mit Salz, Pfeffer, Curry und Zimt kräftig abschmecken und servieren.

Wald-und-Wiesen-Lasagne
Omas Tomatensauce
Spaghetti mit Klecker-Sugo
Pasta Bisi
Spätzle all'italiana
Spätzle-Linsen-Wunder
Lachsnudeln Ladykiller
Nudelauflauf für Faule

PASTA

Lasagne ist nur was für Leute mit Geduld, denken Sie? Die hier nicht! Die Pilze werden einfach im Ganzen verwendet, die cremige Sauce kommt aus der Dose und das Einschichten geht blitzschnell. Wichtig: Lasagneplatten kaufen, die nicht vorgekocht werden müssen.

Wald-und-Wiesen-Lasagne

Zutaten für 2 Portionen:

150 g frische Pilze (Pfifferlinge, Champignons, Egerlinge oder Shiitake)
etwas Fett für die Form
7-8 Lasagneplatten (ohne Vorkochen)
1 Dose Pfifferlingcremesuppe (425 ml)
50 g gesalzene Cashewkerne
100 g geriebener Käse zum Überbacken

Zubereitungszeit: 15 Min. (+25 Min. Backzeit)

Backofen auf 200 Grad vorheizen.
Pfifferlinge mit Küchenkrepp oder Pinsel abreiben. Nicht waschen, sonst verlieren sie ihr tolles Aroma. Große Pfifferlinge halbieren.
Auflaufform (Inhalt 1,25 Liter) dünn ausfetten. Den Boden mit Lasagneplatten auslegen. 1/3 der Pfifferlinge und 1/3 der Cashewkerne darauf verteilen. Darauf wieder 2 Lasagneplatten schichten und so fortfahren, bis alle Lasagneplatten, alle Pilze und Cashewkerne verbraucht sind.
Pfifferlingcremesuppe gleichmäßig über die gesamte Lasagne gießen. Mit dem Käse bestreuen. Im Ofen auf der mittleren Schiene ca. 25 Min. backen. Um herauszufinden, ob die Lasagneplatten schon gar sind, mit einem Schaschlikspieß in die Lasagne pieksen. Sind sie noch fest, aber der Käse schon braun, alles mit Alufolie abdecken und für weitere 5 Min. in den Ofen schieben.

TIPP

Wenn Sie keine gesalzenen Cashewkerne verwenden, sollten Sie die Pfifferlinge und die Pfifferlingcremesuppe unbedingt ausreichend salzen.

VARIANTE

Herzhafter wird es mit Würfeln von rohem Schinken zwischen Pfifferlingen und Cashewkernen. Statt Pfifferlingcremesuppe eignet sich auch jede andere cremige Pilzsuppe. Besonders aromatisch: Steinpilzsuppe mit 1 EL getrockneten Steinpilzen!

Diese schmackelige Tomatensauce passt zu Nudeln in allen Variationen, aber auch zu Bratwürstchen oder Schnitzel.

VARIANTE

Fleischfans schneiden ein Paar Wiener Würstchen in die Sauce. Exotisch wird sie mit 1 TL frisch geriebenem Ingwer, 1–2 EL angerösteten Sesamsamen, 1 zerdrückten Knoblauchzehe und etwas Limettensaft.

Omas Tomatensauce

Zutaten für 2 Portionen:

1 gehäufter EL Butter oder Margarine
1 gehäufter EL Mehl
1/4 l Gemüsebrühe (Instant)
1 Dose (70 g/3 EL) Tomatenmark
100 ml Kondensmilch aus der Dose mit mindestens 7% Fett
Salz, Pfeffer, Zucker

Zubereitungszeit: 15 Min.

Weiche Butter oder Margarine und das Mehl auf einem kleinen Teller mit einer Gabel verkneten.
Gemüsebrühe, Tomatenmark und Kondensmilch glatt rühren und zum Kochen bringen. Während des Köchelns die Mehlbutter stückchenweise mit einem Schneebesen in die Sauce einrühren.
So lange rühren und köcheln lassen, bis die Mehlbutter verschwunden und die Sauce gebunden ist. Mit den Gewürzen abschmecken.

INFO

Kondensmilch aus der Dose ist tatsächlich konzentrierte Milch. Durch das Kondensieren wird der Milchzuckeranteil höher – deshalb schmeckt sie leicht süßlich. Sie hat zwischen 4 und 10% Fett, ist also viel leichter als Sahne mit 30% Fett. Außerdem gerinnt sie nicht. Fazit: Kondensmilch ist perfekt für Suppen und Saucen. Sollte man als Vorrat immer dahaben.

Das Allerallerwichtigste für Sugofans ist ein Spritzschutz für die Pfanne. Es sei denn, Sie stehen auf rot gesprenkelte Küchen und Klamotten. Der Sugo wird nämlich nur durch langes, blubberndes Einkochen in der Pfanne mit dem großen Boden richtig gut – und das spritzt ohne Schutzdeckel munter durch die Küche!

Spaghetti mit Klecker-Sugo

Zutaten für 2 Portionen:

1 Zwiebel
1 Knoblauchzehe
2 EL Öl
1 EL Tomatenmark
1 kleine Dose Tomatenstückchen oder Tomaten (400 g)
1 TL Honig oder Erdbeerkonfitüre
1/2 TL Salz
300–400 g Spaghetti

Zubereitungszeit: 30 Min.

Zwiebel und Knoblauch schälen und fein würfelig schneiden oder hacken.
Öl in einer Pfanne erhitzen und beides darin anschmoren, bis sie leicht bräunlich werden. Tomatenmark am Ende kurz mitbraten.
Tomatenstückchen (ganze Tomaten zerdrücken, mit Saft verwenden) und die übrigen Zutaten zugeben, gut verrühren und den Spritzschutz (oder den Deckel) auflegen.
Den Sugo bei mittlerer Hitze vor sich hin köcheln lassen. Dabei ab und zu umrühren. Zwischendurch das Nudelwasser aufsetzen. Nach etwa 20 Min. stimmt die Konsistenz des Sugo. Nun können Sie noch einmal etwas Flüssigkeit (z.B. Rotwein) an den Sugo geben und wieder bei kleiner Hitze einkochen lassen. Gleichzeitig geben Sie die Spaghetti ins kochende Salzwasser. Wenn sie gar sind, den Sugo noch einmal abschmecken – fertig!

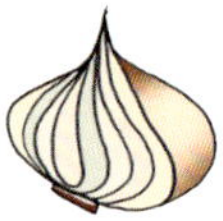

VARIANTE

Wunderbar schmecken gehackte, getrocknete Tomaten im Sugo. Gehaltvoller wird es mit Olivenringen oder 2–3 EL gemahlenen Mandeln. Kräuter der Provence, etwas Basilikum in Öl oder Pesto geben Kräuter-Aroma. Sie können am Anfang auch mit der Zwiebel 1 TL geraspelten Sellerie und 1 Raspelmöhre mitdünsten – das macht den Geschmack voller.

TIPP

Waren das noch Zeiten, als Tomaten in deutschen Küchen nur als Tomatenmark vorkamen – natürlich aus der Dose! Sollte man immer als Vorrat daheim haben – Tomatenmark ist eine Super-(Er-)Lösung, wenn Kühlschrank und Magen gleichzeitig leer sind.

Pasta Bisi ist die Schwester von Risi Bisi, einem der beliebtesten venezianischen Gerichte – es besteht bekanntlich aus Reis und Erbsen. Pasta Bisi ersetzt den Reis durch Nudeln.

TIPP

Ersetzen Sie die Milch im Rezept durch Noilly Prat (das ist ein Wermut; Martini oder Cinzano passen also auch).

VARIANTE

Deftiger wird's mit Schinkenspeckwürfeln statt Kochschinken. Kurz im Topf anbraten, dann Sauerrahm und Milch zugeben und wie oben beschrieben weiter köcheln. Erbsen und Möhrchen können durch Brokkoli, Erbsen oder grüne Bohnen aus der Dose ersetzt werden.

Pasta Bisi

Zutaten für 2 Portionen:

250 g Spaghetti
Salz
2 Scheiben Kochschinken
1 kleines Bund Schnittlauch
1 Becher Sauerrahm (200 g)
50 ml Milch
1 Dose Erbsen und Möhrchen (400 g)
Salz, Pfeffer

Zubereitungszeit: 15 Min.

Spaghetti nach Packungsanweisung in reichlich Salzwasser bissfest kochen.
Inzwischen den Schinken in dünne Streifen schneiden.
Schnittlauch waschen, trockenschütteln und am besten mit einer Schere in Röllchen schneiden.
Sauerrahm und Milch in einem Topf verrühren und erhitzen. Erbsen, Möhrchen und den Schinken zugeben und ca. 3 Min. bei mittlerer Hitze köcheln lassen. Mit Salz und Pfeffer kräftig würzen.
Die abgetropften Nudeln unter die Sauce mischen.
Kurz vor dem Servieren mit den Schnittlauchröllchen bestreuen.

Wenn die Schwaben wüssten, was man mit ihren Spätzle alles machen kann. Denn es gibt noch anderes als die traditionellen »Käsespätzle«. Hier eine italianisierte Variante. Die Schinkenwürfel lassen vor allem Männerherzen höher schlagen – denn ein Gericht ohne Fleisch lassen Kerle ja allenfalls gelten, wenn es sich um eine Nachspeise handelt …

VARIANTE

Sie können auch Rucola, Basilikum oder klein geschnittene Karotten zugeben.

Spätzle all'italiana

Zutaten für 3 Portionen:

2 Zwiebeln
1 EL Öl
100 g Schinkenwürfel
1 Dose gehackte Tomaten (400 g)
500 g frische Spätzle (aus dem Kühlregal)
100 g Reibekäse

Zubereitungszeit: 15 Min. (+ 10 Min. Backzeit)

Den Backofen auf 200 Grad vorheizen.
Zwiebeln schälen, würfeln und in eine Pfanne mit Öl geben. Zwiebel glasig dünsten. Die Schinkenwürfel dazugeben und 7 Min. bei mittlerer Hitze schmoren lassen, bis der Schinken glasig ist. Tomaten dazu und kurz aufkochen. Eine Auflaufform (Inhalt 1,5 Liter) fetten und Pfanneninhalt einfüllen. Die Spätzle darauf schichten. Zum Schluss den Käse drüberstreuen und auf der obersten Schiene des Backofens ca. 10 Min backen, bis der Käse ganz geschmolzen ist.

Tipp

Das Rezept funktioniert natürlich auch mit gekochten Spätzle! Nehmen Sie nur 300 g Spätzle und geben Sie sie noch heiß in eine Auflaufform. In diesem Fall reichen 5 Min. zum Überbacken.

Spätzle-Linsen-Wunder – das klingt ungewöhnlich, ist aber superlecker. Die Kombination von Linsen und Tomaten macht's möglich. Die Linsen liefern übrigens hochwertiges Eiweiß und machen das Gericht dadurch auch zu einem Fitness-Wunder.

TIPP

Das Gericht schmeckt am besten mit Olivenöl und wird noch schneller fertig mit 500 g Spätzle aus der Kühltheke.

INFO

Hülsenfrüchte (das sind Bohnen, Erbsen, Linsen, Kichererbsen – und Erdnüsse) heißen so, weil sie als »Kerne« in Hülsen reifen. Sie lassen sich trocknen und sind deshalb ewig haltbar. Sie sind die heimlichen Stars unter den Dosenbewohnern. Sie behalten ihren Biss, ihr Aroma und müssen nur noch heiß gemacht werden – während man sie ohne die freundliche Hilfe der Dosenhersteller 24 Stunden lang in Wasser einweichen müsste.

Spätzle-Linsen-Wunder

Zutaten für 4 Portionen:

300 g Spätzle
1 Zwiebel
1–2 Knoblauchzehen
1 Bund Rucola (oder 200 g Blattspinat)
1 EL Öl
1 kleine Dose Tomaten (400 g)
100 ml süße Sahne oder Kondensmilch 10% Fett
1 kleine Dose Linsen (400 g)
Salz, Pfeffer
1–2 EL Essig

Zubereitungszeit: 20 Min.

Die Nudeln nach Packungsanweisung in reichlich Salzwasser kochen, dann abgießen.
Inzwischen die Zwiebel und den Knoblauch schälen und beides fein würfeln. Rucola bzw. Blattspinat waschen, in 2 cm große Stücke schneiden.
Das Öl in einer Pfanne erhitzen, Zwiebel und Knoblauch darin glasig dünsten. Dann Rucola zugeben und andünsten. Tomaten samt Saft zufügen und heiß werden lassen.
Die Sahne unterrühren und alles einmal aufkochen lassen.
Zum Schluss die Linsen dazugeben, kurz in der Pfanne erwärmen und alles mit Salz, Pfeffer und Essig abschmecken. Die Linsen-Tomaten-Pfanne zu den Bandnudeln servieren oder gleich alles mischen.

Dieser cremigen Luxuspasta kann keine Frau widerstehen. Stilecht ist das Gericht, wenn Sie dazu ein Glas Prosecco servieren.

Lachsnudeln Ladykiller

Zutaten für 2 Portionen:

300 g Bandnudeln
Salz
200 g Lachsfilet (aus der Tiefkühltheke)
1/2 Bund Dill
1 Dose Lachscremesuppe (425 ml)
100 ml Orangensaft
Pfeffer

Zubereitungszeit: 10 Min.

Bandnudeln in reichlich Salzwasser nach Packungsanleitung bissfest kochen.
Lachsfilet unaufgetaut in 2 x 2 cm große Würfel schneiden. Dill waschen, trockenschütteln und die Spitzen fein hacken.
Lachscremesuppe zusammen mit dem Orangensaft in eine Pfanne geben und bei starker Hitze 5 Min. einkochen lassen. Mit etwas Salz und Pfeffer würzen.
Lachswürfel in die Sauce geben und bei ganz schwacher Hitze in 3–4 Min. gar ziehen lassen. Dill untermischen und mit den abgetropften Bandnudeln servieren.

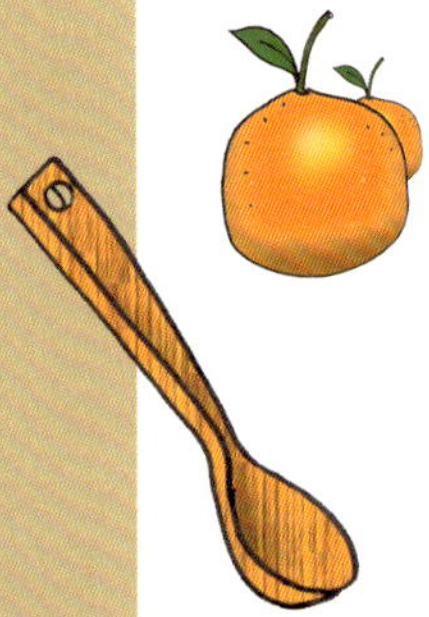

TIPP

Den Lachs wirklich erst kurz vor dem Servieren in die Sauce geben und nicht länger als 4 Min. ziehen lassen – sonst wird er trocken. Besonders edel schmecken die Nudeln, wenn Sie die fein abgeriebene Schale einer unbehandelten Orange in die Sauce geben.

VARIANTE

Lachscremesuppe lässt sich gut durch Champignoncremesuppe ersetzen. Für einen Auflauf die gekochten Nudeln mit der Lachssauce in eine Auflaufform geben. Eine Kugel Mozzarella klein würfeln und darüber streuen. Im Backofen bei 200 Grad etwa 15 Min. überbacken.

INFO

Am Anfang ihrer Karriere war die Dose ein echtes Luxusprodukt, das sich nur die Superreichen leisten konnten. Erst in der Zeit der Industrialisierung wurden Lebensmittel in Dosen auch für den normalen Haushalt erschwinglich und sind heute unverzichtbarer Bestandteil jeder Vorratskammer. Luxus in Dosen gibt es aber auch heute noch, z.B. Kaviar oder Hummerfleisch.

Bequemer geht's nicht! Hier müssen noch nicht mal die Nudeln vorgekocht werden. Einfach alles in eine Form schmeißen, Käse drüber und ab in den Ofen!

TIPP

Die Nudeln müssen vollständig mit Flüssigkeit bedeckt sein. Alles, was rausragt, gart nicht richtig und bleibt hart.

VARIANTEN

Funktioniert auch mit Chili con Carne oder Ratatouille aus der Dose statt Sommergemüsetopf. Die Cabanossi können Sie auch gut durch Schinkenstücke ersetzen. Sie können den Auflauf auch mit Gemüse Ihrer Wahl aufpeppen und z.B. frische Karotten klein raspeln oder frische Kräuter dazugeben.

Nudelauflauf für Faule

Zutaten für 2 Portionen:

250 g Farfalle-Nudeln
1 gelbe Paprika
100 g Cabanossi
1 Dose Italienischer Sommergemüsetopf (800 g)
Salz, Pfeffer, Chili
100 g Raspelkäse
Zubereitungszeit: 10 Min. (+30 Min. Backzeit)

Backofen auf 220 Grad vorheizen.
Farfalle-Nudeln in eine Auflaufform geben. Paprika waschen, halbieren und Strunk entfernen. Zuerst in schmale Streifen schneiden, dann in Würfel und unter die Nudeln mischen.
Cabanossi in dünne Scheiben schneiden und ebenfalls unter die Nudeln mischen. Den Inhalt der Dose gleichmäßig über die Nudeln gießen und mit Salz, Pfeffer und etwas Chili würzen.
Den Raspelkäse über das Ganze streuen. Ab damit für 30 Min. in die Röhre, auf der mittleren Schiene.

Frittata orientale
Mexiko-Diner
Pfannen-Käse
Schupfnudelpfanne
Blitz-Gnocchi
Ratatouillese mit Kräuter-Couscous
Schnitzel an Apfel
Maiskrusteln
Veggi-Puffer oriental
Kotelett au chinois
Ingwer-Entenbrust auf Ananas-Rotkraut
Fisch-Saltimbocca

AUS DER PFANNE

Frittata ist Omelette auf Italienisch. Die Italiener braten es mit allem, was der Gemüsegarten hergibt, und servieren es in Streifen geschnitten als Appetithäppchen vor dem Essen. Mit Brot oder Salat ein schnelles kleines Essen. Und kalt eine Super-Vorspeise!

Frittata orientale

Zutaten für 2 Portionen:

40 g roher Schinken
4 Eier
1 1/2 EL Milch
1 Prise Salz
Pfeffer
1/2 TL Currypulver
1/2 Dose grüne Bohnen (die Hälfte von 400 g)
2 EL Öl

Zubereitungszeit: 15 Min.

Schinken in Streifen schneiden.
Eier, Milch, Salz, Pfeffer und Currypulver mit dem Schneebesen verquirlen.
Grüne Bohnen auf einem Sieb abtropfen lassen und zusammen mit den Schinkenwürfeln unter die Eiermilch ziehen.
Die Hälfte des Öls in einer Pfanne (am besten beschichtet) erhitzen. Eiermasse hineingeben und bei mittlerer Hitze ca. 5 Min. braten. Jetzt kommt das Wendemanöver: Frittata mit einem Pfannenwender vom Pfannenrand lösen. Einen großen, innen glatten Topfdeckel einölen und die Frittata aus der Pfanne darauf gleiten lassen. Restliches Öl in die Pfanne, die Frittata beherzt wieder hineinstürzen und weitere 3 Min. braten.

TIPP

Schmeckt heiß oder lauwarm, am besten mit Brot und/oder einem kleinen Salat.

VARIANTE

Frittata lässt sich auch prima mit Tomaten- oder Paprikawürfeln, Mais, Erbsen, Karottenraspeln, Spargelstücken oder Blattspinat machen. Das Currypulver dann durch Paprikapulver oder getrocknete Kräuter ersetzen. Frische Kräuter, z.B. Schnittlauch oder Dill, sorgen für Extra-Aroma. Wer es lieber vegetarisch mag, ersetzt die Schinkenwürfel durch Raspelkäse, Mozzarella- oder Fetawürfelchen.

Roll dir deinen! Die Zutaten kommen hier Stück für Stück auf den Tisch. So kann sich jeder seine Tortilla ruck, zuck – und natürlich mexikanisch verschärft – selber drehen. Chili con Carne ist dabei die Top-Zutat – und wirklich optimal aus der Dose!

INFO

Tortillas sind weiche Weizenmehlfladen, die es fertig abgepackt in gut sortierten Supermärkten gibt.

VARIANTE

Für die Blitzvariante das Chili con Carne einfach warm machen, Zwiebel, Paprika und Tomaten weglassen. Für vegetarische Tortillas Chili con Carne durch 1 große Dose Baked Beans ersetzen und die Tortillas zusätzlich mit Raspelkäse füllen. Wer es knusprig mag, füllt Taco Shells statt Tortillafladen. Stilecht wird es mit Guacamole statt Sauerrahm: das Fruchtfleisch von 1 reifen (= weichen) Avocado mit dem Saft einer Limette oder einer halben Zitrone und einem Schuss Joghurt pürieren. Mit Salz und Pfeffer abschmecken.

Mexiko-Diner

Zutaten für 3 sehr Hungrige oder 4 Normalesser:

1 kleine Zwiebel
1 gelbe Paprika
2 Tomaten
1 TL Öl
1 Dose Chili con carne (800 g)
Tabasco oder Chilipfeffer
etwa 1/2 Kopf Eisbergsalat
8 Soft Flour Tortillas (300 g)
1/2 Becher Sauerrahm

Zubereitungszeit: 15 Min.

Zwiebel klein würfeln. Paprika und Tomaten waschen. Paprika halbieren, Strunk, Kerne und weiße Zwischenwände entfernen. Tomate und Paprika klein schneiden.
Öl in einer Pfanne erhitzen, Zwiebel darin glasig dünsten. Paprika und Tomaten zugeben und mit anbraten. Dann kommt das Chili con Carne dazu. Gut heiß machen und mit Tabasco mexikanisch-feurig abschmecken.
Eisbergsalat waschen, harte Blattrippen entfernen und die Blätter quer in feine Streifen schneiden. Die Tortillas nacheinander in einer Pfanne ohne Fett von beiden Seiten erwärmen. Sauerrahm in eine kleine Schüssel geben.
Den Chili-Gemüse-Mix, den Salat, den Sauerrahm und die Tortillas auf den Tisch stellen. Jeder kann sich nun seinen eigenen Fladen füllen: Tortilla in der Mitte einmal falten. Darauf kommen 2–3 EL Bohnen-Mix, eine Hand voll Eisbergsalat und ein Klecks Sauerrahm. Zuklappen und mit den Fingern essen.

Der Schafskäse kommt im Ganzen in die Pfanne und muss nur kurz braten – ein vegetarisches Minutensteak sozusagen. Die Gemüsesauce dazu macht sich ganz nebenbei und fast von selbst.

VARIANTE

Mit ein paar frischen Rosmarin- oder Thymianzweigen in der Pfanne bekommt der Schafskäse einen sensationell würzigen Geschmack. Statt Mais schmecken auch Mexikogemüse oder Flageolet-Bohnen. Und so wird das Ganze zum Barbecue-Hit: Schafskäse auf ein großes Stück feste Alufolie legen, Zucchinistifte und Mais drum herum verteilen. Ränder der Alufolie nach oben schlagen. Die Hälfte der Tomaten mit Salz, Pfeffer und Kräutern der Provence würzen und darüber gießen. Fest verpacken und für 15-20 Min. auf den Grill legen.

TIPP

Dazu schmeckt knuspriges Fladenbrot.

INFO

Tomaten enthalten viel Säure. Damit die nicht zu sehr durchschmeckt, muss man die Tomaten entweder lange kochen oder mit etwas Zucker abschmecken.

Pfannen-Käse

Zutaten für 2 Portionen:

1 Zucchini
1 EL Öl
200 g Schafskäse (am besten frisch vom Türken)
1 Dose Tomaten in Stücken (400 g)
1 gute Prise Zucker
1/2 Dose Mais (die Hälfte von 400 g)
1–2 TL Kräuter der Provence
Salz, Pfeffer

Zubereitungszeit: 15 Min.

Zucchini waschen, die Enden entfernen, halbieren und in Stifte schneiden.
Öl in der Pfanne erhitzen, Zucchinistifte darin 3 Min. anbraten und aus der Pfanne nehmen. Schafskäse mit einem Küchenpapier trockentupfen und in die Pfanne geben. Bei kleiner Hitze von beiden Seiten braten, bis er goldbraun wird. Er kann übrigens nicht schmelzen!
Tomatenstücke, Zucker, Zucchini und Mais zu dem Schafskäse geben und alles etwa 3 Min. bei mittlerer Hitze köcheln lassen.
Mit Kräutern der Provence, Salz und Pfeffer abschmecken.

Schupfnudeln mit Sauerkraut sind der Renner auf jedem schwäbischen Volksfest. Die kleinen Fingernudeln werden aus Kartoffelteig gerollt und sind die süddeutschen Verwandten der italienischen Gnocchi. Übrigens: Fertige Schupfnudeln aus dem Kühlregal sind im Nu zubereitet.

INFO

Sauerkraut ist der Vitamin-C-Star unter den Dosengemüsen. Bei der Milchsäuregärung bleibt ein großer Teil der Vitamine des frischen Kohls erhalten – und die sind in der Dose sicher vor schädlichen Einflüssen wie Licht und Luft. Das wussten schon die Seefahrer zu schätzen: Riesige Mengen Sauerkraut an Bord schützten sie vor der gefürchteten Vitamin-C-Mangelkrankheit Skorbut.

VARIANTEN

Für eine rote Schupfnudelpfanne das Sauerkraut durch Rotkraut ersetzen. Am Ende mit 1–2 TL Johannisbeergelee abschmekken. Oder mögen Sie es noch fruchtiger? Dann mischen Sie doch einfach einen grob geraspelten Apfel unter das Sauerkraut.

Schupfnudelpfanne

Zutaten für 2 Portionen:

1 kleine Zwiebel
50 g Schinkenspeckwürfel
1 TL Öl
500 g fertige Schupfnudeln (Kühlregal)
1 kleine Dose Sauerkraut (300 g)
Pfeffer
1/2 Bund Schnittlauch

Zubereitungszeit: 10 Min.

Zwiebel schälen und klein würfeln. Öl in einer tiefen Pfanne erhitzen. Schinkenspeckwürfel darin bei mittlerer Hitze anbraten, dann die Zwiebelwürfel zugeben und braten, bis sie bräunlich werden.

Schupfnudeln dazugeben und bei mittlerer Hitze unter Rühren von allen Seiten knusprig braten, das dauert etwa 7 Min.

Sauerkraut mit einer Gabel etwas auflockern und zu den Schupfnudeln geben. Unter Rühren etwa 10 Min. bei mittlerer Hitze braten. Alles mit Pfeffer würzen. Schnittlauch waschen und trockenschütteln. Mit einer Schere direkt über der Schupfnudelpfanne in Röllchen schneiden.

Das ist Fast Food! Die Blitz-Gnocchi stehen in 10 Min. fix und fertig auf dem Tisch – perfekt, wenn der Magen knurrt und die Zeit knapp ist.

Blitz-Gnocchi

Zutaten für 2 Portionen:

500 g Gnocchi (Kühlregal)
Salz
1 Dose grüne Bohnen (400 g)
1 Becher Schmand (150 g)
3 TL Pesto
1 Schuss Zitronensaft
Salz, Pfeffer

Zubereitungszeit: 10 Min.

Gnocchi in reichlich kochendem Salzwasser nach Packungsanweisung kochen. Sie sind fertig, wenn sie an der Oberfläche schwimmen, das dauert etwa 3 Min. In ein Sieb geben und abtropfen lassen.
Bohnen mit der Hälfte des Sudes in einem Topf erwärmen, Schmand, Pesto und Zitronensaft einrühren. Mit Salz und Pfeffer abschmecken.
Gnocchi in der Sauce schwenken.

VARIANTE

Pesto und Schmand verrühren und kalt als Dip zu den Gnocchi mit Bohnen reichen.
Für eine tomatige Sauce Pesto durch Tomatenmark ersetzen.

INFO

Gnocchi sind kleine italienische Kartoffelklößchen, die gut zu cremigen Saucen passen. Ganz klassisch werden sie mit Salbeiblättern, die in Butter gebraten sind, angerichtet.

TIPP

Mit einer Hand voll gerösteten Kürbiskernen bestreut schmecken die Gnocchi besonders knackig.

Die Ratatouillese schont die Haushaltskasse und ist schnell fertig – eine gute Alternative zur immergleichen Bolognese. Couscous ist die absolute Blitz-Beilage: Der polierte Weizengrieß ist vorgegart und muss deshalb nur noch kurz ausquellen.

Ratatouillese mit Kräuter-Couscous

Zutaten für 2 Portionen:

1 Knoblauchzehe
1 Bund Rucola
1 EL Öl
250 g Rinderhackfleisch
Salz, Pfeffer
2 TL getrockneter Oregano
1 Dose Ratatouille (400 g)
1 Schuss Rotwein
250 ml Wasser oder Gemüsebrühe
125 g Couscous

Zubereitungszeit: 20 Min.

Knoblauchzehe schälen und durchpressen. Rucola waschen und trockenschütteln. Die Stiele entfernen, den Rest klein schneiden.

Öl in einer tiefen Pfanne erhitzen. Hackfleisch darin kräftig anbraten, dabei immer wieder mit einem Kochlöffel zerstoßen, so dass es krümelig wird. Mit Salz, Pfeffer und Oregano würzen.

Ratatouille und einen Schuss Rotwein zugeben. Alles bei mittlerer Hitze heiß werden lassen.

Inzwischen für den Couscous das Wasser mit etwas Salz oder die Gemüsebrühe in einem kleinen Topf aufkochen. Topf vom Herd nehmen. Couscous einstreuen und 5 Min. zum Ausquellen stehen lassen. Vor dem Servieren den Rucola unter den Couscous mischen.

TIPP

Statt Couscous passen auch Baguette, Spaghetti, Reis oder Kartoffeln zur Hackfleisch-Gemüsepfanne.

VARIANTE

Statt Ratatouille können Sie auch eine Dose Tomaten mit einer gewürfelten frischen Zucchini nehmen.

INFO

Ratatouille ist ein berühmter Gemüseeintopf aus Südfrankreich. Er wird aus Auberginen, Zucchini, Paprika, Tomaten, Knoblauch und Mittelmeerkräutern zubereitet und schmeckt sehr würzig.

Hier wird es wirklich fein: Apfel und Apfelsaft geben den Putenschnitzeln eine fruchtige Note – ungewöhnlich, aber gut! Echte Feinschmecker ersetzen den Apfelsaft durch Cidre und schmecken am Schluss mit einem Schuss Calvados ab.

Schnitzel an Apfel

Zutaten für 2 Portionen:

1 Apfel
1 Bund Schnittlauch
2 Putenschnitzel (etwa 300 g)
Salz, Pfeffer
1 EL Öl
100 ml Apfelsaft
1 Dose Erbsen und Möhrchen (400 g)
100 ml süße Sahne
1 EL Sojasauce

Zubereitungszeit: 15 Min.

Apfel waschen, vierteln und das Kerngehäuse entfernen. In schmale Schnitze schneiden. Schnittlauch waschen, trockenschütteln und in Röllchen schneiden.
Putenbrustfilet mit Salz und Pfeffer würzen. Öl in eine beschichtete Pfanne geben. Putenbrust und Apfelspalten insgesamt etwa 5 Min. bei mittlerer Hitze von beiden Seiten anbraten, aus der Pfanne nehmen und in Alufolie einschlagen.
Apfelsaft in die Pfanne geben, Erbsen und Möhrchen und Schnittlauch dazugeben. Sahne einrühren und 2–3 Min. köcheln lassen. Putenschnitzel und Äpfel samt entstandenem Saft zugeben. Alles noch mal heiß werden lassen und mit Sojasauce abschmecken.

TIPP

Dazu passen Reis, Kroketten oder Kartoffeln.

INFO

Zum Kochen und Backen am besten fein säuerliche, etwas mürbe (mehlige) Äpfel wie Boskop oder Cox Orange verwenden.

VARIANTE

Wenden Sie die Schnitzel vor dem Braten in einem Mix aus Mehl und Paprika oder Curry; das bindet die Sauce zusätzlich und gibt dem Gericht einen ganz anderen Geschmack.

Ein absolutes Spontan-Rezept: Zutaten für die Maiskrusteln finden sich auch noch in der trostlosesten Vorratskammer. In Amerika heißen die knusprigen Dinger Corn-Fritters und sind eine beliebte Beilage zu Gegrilltem, vor allem zu Spareribs. Aber auch zu einem dicken Steak!

Maiskrusteln

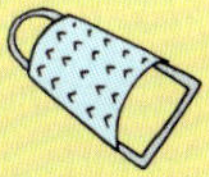

Zutaten für 2 Portionen:

1 Ei
100 ml Milch
120 g Mehl
1/2 TL Backpulver
1/2 TL Salz
1 Prise Zucker
1 Dose Mais (400 g)
Pfeffer, etwas Paprikapulver
Öl zum Backen

Zubereitungszeit: 15 Min.

Eier und Milch in eine Rührschüssel geben und mit dem Handrührgerät schaumig schlagen. Mehl, Backpulver, Salz und Zucker in einer anderen Schüssel vermischen und mit dem Mais unter die Eiermilch heben. Mit Pfeffer und Paprikapulver abschmecken.
Öl in einer Pfanne heiß werden lassen. Mit einem Esslöffel Teignocken in die Pfanne setzen und goldgelb backen. Auf Küchenkrepp kurz abtropfen lassen.

TIPP

Tipp: Mit Tomaten-Salsa oder Kräuter-Quark und einem Salat werden die Mais-krusteln zum vegetarischen Hauptgericht.

VARIANTE

Die Krusteln lassen sich fast unendlich variieren. Grundteig wie oben beschrie-ben, aber ohne Mais, zusammenrühren. Statt Mais z.B. eine Dose Erbsen oder Mexiko-Mix unterheben, frische Paprika-, Tomaten- oder Zucchiniwürfel, Karotten-raspel oder Schinkenwürfel oder alles zusammen. Wichtig ist nur, dass die Zuta-ten wirklich klein sind, sonst brechen die Krusteln beim Backen auseinander.
Für süße Krusteln das Salz aus dem Grundteig streichen, 1 Päckchen Vanille-zucker und 1 TL Zimt zugeben. Mais durch kleine Apfelwürfel oder eine gute Hand voll Rosinen ersetzen. Schmeckt toll mit Vanillesauce.

Das Brot ist schon etwas trocken? Kein Problem, hier kommt es schnell und lecker zu neuen Ehren. Für den orientalischen Touch sorgen Kreuzkümmel, Knoblauch, Petersilie und Sesam.

VARIANTE

Für orientalische Veggie-Burger jeden Puffer mit einer Tomatenscheibe belegen und mit Fetakäse im Backofen oder in der Mikrowelle überbacken. Ein Viertel Fladenbrot knusprig rösten. Mit einem Veggi-Puffer, einigen Salatblättern und einem Klacks Joghurt-Dip füllen. Das reicht dann aber sicher für 4 Portionen! Die Kidney-Bohnen können Sie auch durch Kichererbsen aus der Dose ersetzen.

TIPP

Dazu passt ein Joghurt-Dip und Tomatensalat. Keine Angst vor Resten – die Puffer schmecken auch kalt.

Veggi-Puffer oriental

Zutaten für 2–4 Portionen:

200 g Brot
2 Eier
Salz, Pfeffer
1/2 TL gem. Kreuzkümmel (Cumin)
1 Dose rote Kidney-Bohnen (400 g)
150 g Magerquark
1 Zwiebel
2 Knoblauchzehen
1 Bund glatte Petersilie
etwa 6 EL Haferflocken
5 EL Sesamsamen
Öl zum Braten

Zubereitungszeit: 25 Min.

Brot in Würfel schneiden und in eine kleine Schüssel geben. Eier mit einem Schneebesen verquirlen, mit Salz, Pfeffer und Kreuzkümmel würzen. Über das Brot gießen und 5 Min. quellen lassen.

Kidney-Bohnen auf einem Sieb abtropfen lassen, einen Teil vom Sud auffangen. Mit einem Schuss vom Sud und Magerquark pürieren. Zwiebel und Knoblauch schälen und beides fein würfeln. Petersilie waschen, trockenschütteln und die Blättchen fein hacken.

Bohnenpüree, Zwiebel, Knoblauch und Petersilie unter die Brotmasse kneten. Ist die Masse zu weich, so viele Haferflocken zugeben, dass der Teig nicht mehr klebt.

Masse mit angefeuchteten Händen zu 12 Talern formen. Sesamsamen auf einen Teller geben und die Veggi-Puffer darin wälzen.

Etwas Öl in einer beschichteten Pfanne erhitzen. Taler bei kleinerer Hitze von beiden Seiten langsam goldbraun braten. Achtung, ist die Pfanne zu heiß, werden die Puffer außen schnell dunkel, sind aber innen noch roh. Auf Küchenkrepp abtropfen lassen.

Lust auf Chinaküche am Stück – mal nicht stäbchentauglich? Dann hauen Sie sich doch einfach Koteletts in die Pfanne und machen eine Dose Chinagemüse auf! Das Ergebnis: East meets West!

TIPP

Dazu passt natürlich Reis, aber auch Bratkartoffeln, Kartoffelpüree oder Pommes. Oder Krabbenchips aus dem Asia-Laden.

VARIANTEN

Noch asiatischer wird das Kotelett, wenn Sie es vor dem Braten mit etwas Chinagewürz (Asia-Laden) einreiben. Und natürlich schmeckt es ebenso gut mit Putenschnitzeln! Wenn Sie kein Chinagemüse haben, nehmen Sie einfach Sojasprossen.

Kotelett au chinois

Zutaten für 2 Portionen:

1 Knoblauchzehe
2 Schweinekoteletts à ca. 150 g
1 EL Mehl
1 TL Paprikapulver
1 EL Öl
3 EL Ketschup
1 Dose Chinagemüse (400 g)
2 EL Sojasauce
1–2 EL Zitronensaft oder Essig
Chilipfeffer

Zubereitungszeit: 15 Min.

Knoblauchzehe schälen und in kleine Stücke hacken oder durch die Presse drücken. Schweinekoteletts kalt abspülen und trockentupfen. Mehl und Paprikapulver mischen und die Koteletts damit von beiden Seiten einreiben.
Öl in einer Pfanne erhitzen und die Koteletts darin auf jeder Seite ca. 5 Min. anbraten. Aus der Pfanne nehmen und fest in Alufolie wickeln.
Den Fond in der Pfanne mit Ketschup mischen. Chinagemüse zugeben und mit Knoblauch, Sojasauce, Zitronensaft und Chilipfeffer würzen. Heiß werden lassen.
Fleischsud aus der Alufolie hinzugeben. Schweinekoteletts noch mal kurz auf dem Gemüse ziehen lassen.

Damit schinden Sie echt Eindruck! Die Marinade aus Ananassaft und Ingwer macht die Entenbrust exotisch und schön zart. Je länger das Fleisch darin zieht, desto intensiver wird der Geschmack. Fantastische Beilage dazu: das Ananas-Rotkraut. Die fein-säuerliche Ananas rundet den Rotkrautgeschmack perfekt ab.

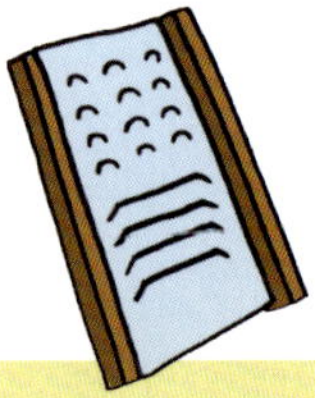

Ingwer-Entenbrust auf Ananas-Rotkraut

Zutaten für 2 Portionen:

200 g Entenbrust
1/2 Dose Ananas in Stücken (die Hälfte von 565 g)
1 Dose Rotkraut (550 g)
1 kleine Wurzel frischer Ingwer
1 TL Öl

Zubereitungszeit: 20 Min.

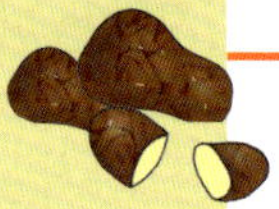

Entenbrust unter kaltem Wasser abspülen und mit Küchenpapier trockentupfen, Haut rautenförmig einschneiden. In eine flache Schale oder Form legen. Ananasstücke in einem Sieb abtropfen lassen, Saft dabei auffangen. Rotkraut ebenfalls abtropfen lassen.
Ingwer schälen und auf einer Küchenreibe fein reiben. Mit 5 EL des Ananassaftes mischen und als Marinade über die Entenbrust gießen. Abgedeckt im Kühlschrank mindestens. 30 Min. durchziehen lassen. Danach mit Küchenpapier abtupfen.
Öl in einer Pfanne erhitzen. Entenbrust mit der Hautseite nach unten darin 10 Min. langsam braten, dabei mehrmals wenden. Aus der Pfanne nehmen.
Rotkraut zusammen mit den Ananasstücken in die Pfanne geben und ca. 5 Min. erhitzen.
Entenbrust mit einem scharfen Messer in dünne Scheiben schneiden und auf dem Ananas-Rotkraut servieren.

TIPP

Dazu passen Kartoffelpüree, Kartoffelklöße oder Gnocchi.

VARIANTE

Besonders exotisch wird es mit 1/2 TL chinesischem 5-Gewürze-Pulver (Asia-Laden) in der Marinade. Leichter und fettärmer wird das Rezept mit Putensteaks statt Entenbrust.

INFO

Auf jeden Fall frischen Ingwer verwenden, denn nur dann hat er das zitronige Aroma und die leichte Schärfe, die noch die lahmste Ente auf Trab bringt. Ingwer gibt es in jedem Asia-Laden und in vielen Supermärkten. Beim Einkauf darauf achten, dass die Schnittstellen noch nicht ausgetrocknet sind. Im Kühlschrank hält sich Ingwer gut 2 Wochen, geschält und eingefroren ewig.

Auch wenn hier Thunfisch-Stücke statt, wie beim italienischen Original, Kalbsschnitzel mit Schinken und Salbei umwickelt werden: In den Mund springen – das bedeutet Saltimbocca übersetzt – die köstlichen Pakete sicher trotzdem.

TIPP

Dazu passen geröstetes Fladenbrot, Reis oder Ofenkartoffeln. Übrigens schmeckt das Saltimbocca auch lecker kalt als Vorspeise. Dann reicht es locker für 4 Personen.

Fisch-Saltimbocca

Zutaten für 2 Portionen:

1 Dose Thunfisch naturel (185 g)
4 dünne Scheiben luftgetrockneter Schinken oder Schinkenspeck
einige Stiele frischer Salbei
1 kleine Dose passierte Tomaten (400 g)
3 EL Crème fraîche
Salz, Pfeffer

Zubereitungszeit: 25 Min.

Thunfisch abtropfen lassen und in 8 kleine Portionen teilen. Schinkenscheiben quer halbieren.
Salbei waschen und trockenschütteln. Jede Thunfischportion mit ein oder zwei Salbeiblättern belegen und mit einer halben Scheibe Schinken umwickeln.
Passierte Tomaten und Crème fraîche mischen und in einer beschichteten Pfanne erhitzen. Mit Salz und Pfeffer abschmecken. Den restlichen Salbei klein schneiden und zugeben. Die Fischpäckchen in das Tomatenbett legen, Deckel drauf und alles bei kleiner Hitze 10 Min. erwärmen.

VARIANTEN

Statt frischem Salbei Rucola, Basilikum oder getrockneten Thymian oder Rosmarin verwenden. Auch Olivenringe oder kleine Silberzwiebeln im Tomatenbett schmecken toll.

Toast Hawaii
Toast Mexiko
Magische Asia-Dreiecke
Würstchen im Schlafrock
Tomatenköpfe mit Knusperkruste
Schnizzapitzel
Grünes Bündnis
Würzkartoffelgratin
Gulasch mit Mütze
Brokkoli-Luftikus

AUS DEM OFEN

Nicht nur in den 50er Jahren ganz vorne: Toast Hawaii, der Klassiker mit Schinken und Ananasring. Wer's stilecht mag, serviert ihn mit einer Cocktailkirsche in der Mitte. Und wer Abwechslung mag, sollte mal den Mexiko-Toast probieren.

Toast Hawaii

Zutaten für 2 Portionen:

1 kleine Dose Ananas in Scheiben (227 g)
4 Scheiben Toastbrot
4 Scheiben gekochter Schinken
etwas Currypulver
4 Scheiben Emmentaler

Zubereitungszeit: 5 Min. (+ 7 Min. Backzeit)

Backofen auf 200 Grad vorheizen.
Ananasscheiben abtropfen lassen. Toastbrot anrösten – nicht zu stark, denn das Ganze kommt ja noch mal in den Ofen.
Toastscheiben mit Schinken und Ananasringen belegen. Mit etwas Currypulver bestäuben, dann mit je einer Scheibe Käse toppen.
Toast Hawaii auf der mittleren Schiene im Backofen goldbraun überbacken, das dauert etwa 7 Min.

VARIANTE

Schnell ist auch ein Toast Italia gemacht: Toastbrot mit Pesto bestreichen, mit Schinken- oder Salamistücken und Tomatenwürfeln belegen und mit Mozzarella überbacken.

Toast Mexiko

Zutaten für 2 Portionen:

2 Tomaten
4 Scheiben Toastbrot
2 EL Olivenöl
1/2 Dose Mexiko-Mix (die Hälfte von 400 g)
1/2 Dose Baked Beans (die Hälfte von 400 g)
Chilipfeffer, Salz
4 Scheiben Edamer

Zubereitungszeit: 10 Min. (+ 7 Min. Backzeit)

Backofen auf 200 Grad vorheizen.
Tomaten waschen, Strunk entfernen, Rest in Würfel schneiden.
Toastbrot im Toaster leicht anrösten.
In einer Schüssel Mexiko-Mix, Baked Beans und Tomatenwürfel mischen. Mit Chilipfeffer und Salz würzen. Gleichmäßig auf den Toasts verteilen.
Mit Käse belegen und auf der mittleren Schiene im Backofen etwa 7 Min. überbacken.

TIPP

Dazu passt ein grüner Salat, angereichert mit dem restlichen Mexiko-Mix.

Diese Dreiecke ziehen jeden wie durch Zauberkraft an: Außen schön knusprig, innen exotisch gefüllt. Für Party-Fingerfood jedes Blätterteigquadrat diagonal halbieren und aus der Rezeptmenge 20 Mini-Dreiecke machen. 10 Min. vorbacken, auf dem Blech abkühlen lassen und kurz bevor die Gäste kommen noch mal für 5 Min. in den Ofen.

TIPP

Am besten bestäuben Sie die Teigrolle ganz fein mit Mehl. So lässt sich der Blätterteig einfach ausrollen und klebt nicht an der Teigrolle fest. Übrigens können Sie auch eine glatte, saubere Rotweinflasche zum Ausrollen nehmen.

Magische Asia-Dreiecke

Zutaten für 4–5 Portionen (10 Teigtaschen):

150 g Rinderhackfleisch
1 TL Öl
1 Dose Chinagemüse (400 g)
4 EL Mango-Chutney
1 Packung tiefgekühlte Blätterteigquadrate

Zubereitungszeit: 15 Min. (+15 Min. Backzeit)

Backofen auf 220 Grad vorheizen. Hackfleisch mit dem Öl in einer Pfanne krümelig anbraten. Gemüsemischung und Mango-Chutney dazugeben und kurz mitbraten. Anschließend Pfanne auf die Seite stellen und das Mango-Chutney unter den Hackfleisch-Gemüse-Mix rühren. Blätterteigquadrate einzeln mit dem Wellholz flach rollen. In die eine Ecke des Blätterteigquadrates einen Löffel des Asia-Gemüse-Hackfleisch-Mix geben. Dann die gegenüberliegende Ecke obendrauf legen und den Rand mit einer Gabel rundherum festdrücken. Dann für 15 Min. in den Ofen.

VARIANTE

Für Mexiko-Dreiecke eine Füllung aus 1 Dose Mexiko-Mix (400 g), 150 g in Scheiben geschnittener Cabanossi und 75 g Raspelkäse machen. Für Schinken-Taschen 150 g gewürfelten Kochschinken, 1 Dose Erbsen (400 g) und eine mit Salz und Pfeffer gewürzte Mischung aus Sauerrahm und Schnittlauch in den Blätterteig füllen.

INFO

Chutney kommt aus Indien und sieht aus wie Marmelade. Es wird zu Fleisch gegessen und schmeckt süß-sauer, manchmal auch würzig scharf.

Fingerfood liegt vor allem auf Partys im Trend. Aber auch als Mittagessen ist es superpraktisch. Der Vorteil: Fingerfood ist schnell zubereitet und hinterlässt fast keinen Abwasch. Diese Version mit Hefeteig ist zudem sehr figurfreundlich (im Gegensatz zu Blätterteig). Da kann man doch glatt mal zwei davon essen …

Würstchen im Schlafrock

Zutaten für 2 Portionen:

1 Dose Würstchen (540 g)
1 Hefeteig aus der Kühltheke (290 g)
4 EL Tomatenmark
2 Zucchini

Zubereitungszeit: 10 Min. (+ 10 Min. Backzeit)

Ofen auf 200 Grad vorheizen.
Hefeteig in Rechtecke schneiden. Zucchini waschen, Enden entfernen und in Stifte schneiden. Würstchen halbieren. Teigstücke mit Tomatenmark bestreichen und mit 3 Zucchinistiften und einem Stück Würstchen einrollen und aufs Blech setzen.
Mit dem Restteig genauso verfahren, bis die Würstchen verbraucht sind. Blech für 10 Minuten in den Ofen geben. Die Würtschen sind fertig, wenn sie schön braun sind.

VARIANTE

Schön frisch und nussig schmeckt es, wenn Sie ein Rucola-Blatt um das Würstchen rollen. Dazu noch einige Scheiben Essiggurke und einen Mix aus Schmand und Senf an Stelle von Tomatenmark – und das Würstchen wird zum Hot Dog. Besonders pfiffig: Statt Hefeteig aus dem Kühlregal können Sie auch tief gefrorene Brezeln auftauen, Strang einfach auseinander pfriemeln, in der dicken Mitte teilen und je eine Hälfte wie ein Stockbrot um das Würstchen wickeln.

TIPP

Wenn Sie die Würstchen vor dem Backen mit Wasser bepinseln, werden sie besonders knusprig. Damit sie noch dunkler werden, bestreichen Sie die Würstchen am besten mit einer Glasur aus einem Eigelb gemischt mit 2 EL Milch.

Gefüllte Tomaten auf die schnelle Art: Die Hühnchen-Reisfüllung ist schon fix und fertig und bekommt durch klein geschnittenen Rucola den letzten Schliff. Getoppt wird das Ganze mit einer Knusperkruste.

Tomatenköpfe mit Knusperkruste

Zutaten für 2 Portionen:

etwas Fett für die Form
6 Tomaten (ca. 750 g)
Salz, Pfeffer
1 Bund Rucola
1 kleine Dose Hühner-Reistopf (400 g)
2 EL Semmelbrösel
4 TL Pesto

Zubereitungszeit: 10 Min. (+1 Min. Backzeit)

Backofen auf 220 Grad vorheizen. Auflaufform (ca. 1,5 Liter Inhalt) fetten. Tomaten waschen und einen flachen Deckel abschneiden. Tomaten mit einem Teelöffel aushöhlen. Fruchtfleisch in die Auflaufform geben. Dann die Tomate salzen und pfeffern und umgedreht auf einem Küchenkrepp abtropfen lassen.
Rucola waschen, trockenschütteln und klein schneiden. Hühner-Reistopf in ein Sieb geben und abtropfen lassen (Brühe auffangen). Reis-Hühnchen mit dem Rucola vermischen.
Die ausgehöhlten Tomatenköpfe in die Auflaufform setzen und mit der Mischung füllen.
Für die Knusperkruste Semmelbrösel mit Pesto mischen und auf den Köpfen verteilen. Tomaten auf der mittleren Schiene im Backofen ca. 15 Min. backen, bis die Kruste schön braun ist.

TIPP

Sie können die aufgefangene Hühnerbrühe als Sauce mit in die Auflaufform geben.

VARIANTE

Würziger wird die Füllung mit Basilikum statt Rucola. Statt Hühner-Reistopf können Sie auch 1 Dose Ragout für die Füllung verwenden.

Two in one: Hier werden ganz frech zwei Lieblingsgerichte kombiniert. Das Ergebnis: ein Allerlieblingsgericht!

TIPP

Dazu passt Ciabatta und ein grüner Salat.

VARIANTE

Funktioniert genauso gut mit Puten- oder Hähnchenschnitzel. Wer's richtig frisch mag, gibt noch 2 klein gewürfelte Tomaten und 1/2 Bund gehacktes Basilikum zur Tomatensuppe. Für Brokkolischnitzel das Fleisch anstelle von Pesto mit Salz und Pfeffer würzen und zusammen mit 200 g frischen (oder tiefgekühlten) Brokkoliröschen in die Form geben. Mit einer Dose Brokkolicremesuppe übergießen und mit Mozzarellascheiben belegen.

Schnizzapitzel

Zutaten für 2 Portionen:

2 Schweineschnitzel (je ca. 150 g)
2 EL Pesto
2 kleinere Zucchini
etwas Öl oder Butter für die Form
1 Dose Tomatencremesuppe (425 ml)
100 g Mozzarella

Zubereitungszeit: 10 Min. (+20 Min. Backzeit)

Backofen auf 200 Grad vorheizen. Schweineschnitzel unter kaltem Wasser abspülen und trockentupfen. Von beiden Seiten dünn mit Pesto einstreichen.

Zucchini waschen und die Enden entfernen. Fruchtfleisch auf der Küchenreibe grob raspeln.

Eine Auflaufform (1,5 Liter Inhalt) dünn mit Öl oder Butter ausfetten. Schnitzel in die Form legen. Tomatencremesuppe mit den Zucchiniraspeln mischen und über die Schnitzel gießen.

Mozzarella in Scheiben schneiden und die Schnitzel gleichmäßig damit belegen.

Auf der mittleren Schiene im Ofen etwa 20 Min. backen, bis der Käse schön goldbraun ist.

Kreative Resteverwertung: In diesem Auflauf verschwinden sämtliche vertrocknete Brotscheiben – lecker eingeschichtet mit Fleisch, Grünkohl und Zwiebelsuppe.

Grünes Bündnis

Zutaten für 4 Portionen:

6 Scheiben älteres Bauernbrot (oder 8 Scheiben Toastbrot)
1 Dose Rindfleisch im eigenen Saft (400 g)
1 Dose Grünkohl (800 g)
Salz, Pfeffer
etwas Öl oder Butter für die Form
1 Dose Zwiebelsuppe (400 ml)
4 EL Sauerrahm
Salz, Pfeffer

Zubereitungszeit: 10 Min. (+ 25 Min. Backzeit)

Backofen auf 200 Grad vorheizen. Brot im Toaster anrösten und vierteln. Rindfleisch in schmale Scheiben schneiden. Grünkohl mit etwas Salz und Pfeffer würzen.
Eine Auflaufform (1,5 Liter Inhalt) mit etwas Öl oder Butter einfetten. Brot als unterste Schicht in die Form geben. Grünkohl und Fleischscheiben darauf schichten und mit der Hälfte der Zwiebelsuppe begießen. So fortfahren, bis alle Zutaten verbraucht sind. Sauerrahm als kleine Kleckse darauf verteilen.
Im heißen Ofen auf der mittleren Schiene etwa 25 Min. backen.

VARIANTE

Vegetarisch wird das Bündnis mit dünnen Scheiben von Fetakäse statt Fleisch. Statt Rindfleisch aus der Dose schmecken auch Mettendchen oder Landjäger in Scheiben – oder Pinkel.

INFO

Grünkohl ist ein klassisches Wintergemüse. Als robustester Vertreter der Kohl-Familie schmeckt er erst richtig gut nach dem ersten Frost. Berühmtestes Grünkohlrezept ist wohl »Grünkohl mit Pinkel«, ein norddeutsches Traditionsgericht mit deftig geräucherten Würstchen (Pinkel).

Wenn Kochen doch immer so einfach wäre! Kartoffeln und Fleisch werden zusammen in eine Auflaufform geschichtet und mit würzig-cremiger Sauce übergossen. Das war's – alles andere erledigt der Ofen ganz alleine.

TIPP

Besonders schön sieht der Auflauf mit frischen Kräutern bestreut aus. Dazu passt ein Salat.

VARIANTE

Zusätzlich Tomatenscheiben einschichten – das gibt den Frische-Kick. Wer es noch fruchtiger mag, nimmt Tomaten- statt Ochsenschwanzsuppe. Gebratene Zwiebeln machen den Auflauf noch würziger.

Würzkartoffelgratin

Zutaten für 2 Portionen:

1 Dose Rinderroulade (400 g)
2 EL Tomatenmark
2 EL Senf
600 g Kartoffeln
Salz, Pfeffer
etwas Fett für die Form
1 Dose gebundene Ochsenschwanzsuppe (425 ml)

Zubereitungszeit: 10 Min. (+60 Min. Backzeit)

Backofen auf 200 Grad vorheizen.
Rouladen quer zur Fleischfaser in 3 cm breite Streifen schneiden.
Kartoffeln waschen, schälen und in möglichst dünne Scheiben schneiden, leicht salzen und pfeffern.
Eine Auflaufform (Inhalt ca. 2 Liter) fetten. Abwechselnd Kartoffelscheiben und Rindfleischscheiben aufeinander schichten. Mit etwas Ochsenschwanzsuppe bestreichen, wieder Kartoffeln und Fleisch einschichten, mit Suppe bedecken und so weiter, bis alle Zutaten verbraucht sind.
Mit Kartoffelscheiben abschließen.
Im Backofen auf der mittleren Schiene etwa 60 Min. garen.

All in one: Das Gulasch gart in der unteren Etage der Auflaufform, die Beilage kommt als Mütze gleich obendrauf.

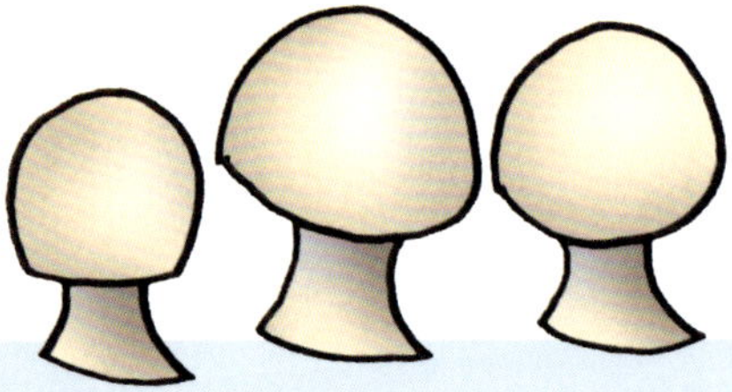

Gulasch mit Mütze

Zutaten für 2 Portionen:

250 g Champignons
1 kleine Dose Sauerkraut (314 g)
1 Dose Gulaschsuppe (425 ml)
2–3 EL Schmand
Paprikapulver, edelsüß
1 Tüte Instant-Kartoffelpüree (für 2 Personen)
Milch nach Packungsangabe
1 EL Butter

Zubereitungszeit: 25 Min. (+20 Min. Backzeit)

Backofen auf 200 Grad vorheizen. Champignons mit einem Tuch oder einer Bürste abreiben, braune Schnittstellen entfernen. Kleinere Champignons halbieren, größere vierteln.
Sauerkraut klein schneiden. Mit der Suppe, Schmand, Paprikapulver und Champignons in einer Auflaufform mischen.
Kartoffelpüree nach Packungsangabe zubereiten. Das Püree mit einem nassen Löffel auf das Gulasch streichen. Mit kleinen Butterflocken belegen. Auf der mittleren Schiene im Backofen in ca. 20 Min. goldbraun überbacken.

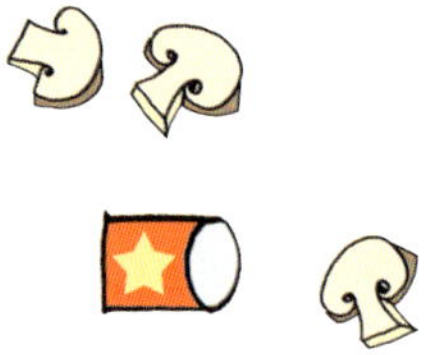

VARIANTE

Champignons durch zwei klein gewürfelte rote Paprikaschoten ersetzen. Wer mehr Fleisch möchte: Gulasch aus der Dose nehmen oder die Suppe mit klein geschnittenem gekochten Schinken anreichern. Schmeckt auch toll mit Silberzwiebeln und klein gewürfelten Cornichons als Einlage.

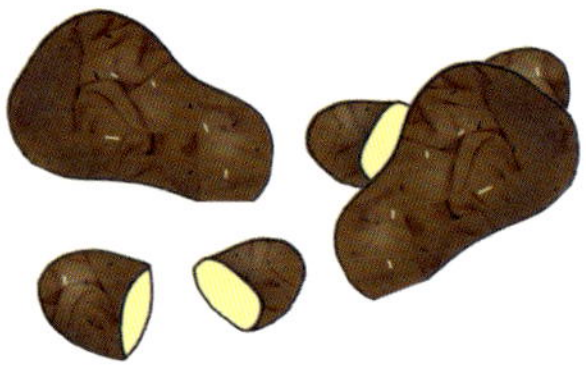

Ein Soufflé ist nur was für Meisterköche? Alles Quatsch! Mit diesem Rezept gelingt die Luftnummer auch dem größten Küchenlaien. Also: Ofen an und bloß keine Angst – alles wird gut! Wie vom Profi wirkt's sogar, wenn Sie das Soufflé in zwei kleinen Formen backen.

TIPP

Wenn Sie weder Mühle noch Küchenmaschine haben, hacken Sie die Nüsse mit einem großen Messer so klein wie möglich.

VARIANTE

Richtig knackig wird's mit frischen Brokkoliröschen. Diese unten in die Form legen und die Soufflémasse darüber geben. Richtig würzig wird es mit Roquefort-Käse statt Parmesan. Deftiger wird es mit Kochschinkenwürfeln in der Soufflé-Masse.

Brokkoli-Luftikus

Zutaten für 2–3 Portionen:

etwas Fett für die Form
50 g Nüsse (z.B. Erdnüsse, Haselnüsse, Walnüsse, Mandeln)
4 Eier
3 EL Mehl
1 Prise Salz
1 Dose Brokkolicremesuppe (400 ml)
1/2 TL Paprikapulver
50 g geriebener Parmesan

Zubereitungszeit: 15 Min. (+ 35 Min. Backzeit)

Backofen auf 200 Grad vorheizen. Den Boden einer Auflaufform (Inhalt: ca. 2 Liter) einfetten. Rand nicht fetten, dann kann sich das Soufflé besser festhalten und fällt nicht so schnell zusammen. Form in den Backofen stellen, damit sie schon mal schön warm wird.

Nüsse mit einer Mühle oder mit der Küchenmaschine fein mahlen.

Eier trennen. Eigelbe in eine Schüssel geben und mit dem Schneebesen nach und nach das Mehl, die Brokkolicremesuppe, Nüsse, Paprikapulver und den Parmesan gut unterrühren.

Eiweiß mit einer Prise Salz in einem hohen Gefäß mit dem Handrührgerät so steif schlagen, dass man das Gefäß umdrehen kann, ohne dass etwas herausfällt. Mit einem Holzlöffel ganz vorsichtig unter die Eigelbmasse heben.

Alles in die Form füllen und auf der untersten Schiene im Ofen 35 Min. backen. Sofort servieren, sonst fällt die ganze Pracht in sich zusammen.

Aprikosen-Clafoutis
Schokoladen-Ananas-Auflauf
Schokoreis Helene
Toffee-Tin
Jamaica-Muffins
Mandarinen-Tiramisu
Pfirsich-Parfait
Frucht-Jelly

süss

Clafoutis ist ein französischer Klassiker. Die Kombination aus Pfannkuchen und Obstkuchen eignet sich besonders gut als schnelles süßes Hauptgericht für zwei oder praktisches Dessert für bis zu sechs Personen. Übrig gebliebener Clafoutis lässt sich auch ganz einfach am nächsten Tag als Kaiserschmarrn in der Pfanne braten.

Aprikosen-Clafoutis

Zutaten für 2–6 Portionen:

1 Dose Aprikosen (420 g)
2 Eier
2 EL Zucker
1 Päckchen Vanillezucker
100 g Mehl
2 Becher Mohnjoghurt (je 150 g)
Butter zum Einfetten
Puderzucker zum Bestäuben

Zubereitungszeit: 15 Min. (+ 30 Min. Backzeit)

Backofen auf 200 Grad vorheizen und eine Springform (26 cm) oder Auflaufform (Inhalt: 1,5 Liter) fetten.
Aprikosen in einem Sieb abtropfen lassen, den Saft dabei auffangen.
Eier, Zucker und Vanillezucker mit dem Handrührgerät schaumig rühren. Dann nach und nach das Mehl und den Joghurt unterrühren.
Teig in die vorbereitete Form füllen und Aprikosen gleichmäßig darauf verteilen.
Den Auflauf auf der mittleren Schiene im Backofen etwa 30 Min. backen. Nach dem Backen mit Puderzucker bestäuben.

TIPP

Dazu passt eine cremige Joghurt-Sahne: 200 ml Sahne mit 1 Päckchen Vanillezucker steif schlagen. Kurz bevor die Sahne richtig steif wird, 150 g Joghurt bei schwachem Rühren in die Sahne einfließen lassen.
Besonders locker wird der Clafoutis, wenn Sie die Eier trennen und nur die Eigelbe mit den restlichen Zutaten verrühren. Das Eiweiß steif schlagen und erst am Schluss unter den Teig ziehen.

Süßes macht glücklich! Vor allem, wenn es so schön schokoladig schmeckt wie hier.

TIPP

Der Grieß wird schneller kalt, wenn Sie den Topf in ein Spülbecken mit kaltem Wasser stellen und kräftig rühren.

VARIANTE

Für den Extra-Kick 50 ml der Milch durch Kokoslikör ersetzen. Das Obst nach Lust, Laune und Vorratsschrank austauschen, zum Beispiel mit Aprikosen, Pfirsichen, Kirschen oder tiefgekühlten Beeren. Der Auflauf schmeckt auch sehr lecker mit frisch geschälten Apfelspalten. Mohnjoghurt kann durch Vanille- oder Fruchtjoghurt ersetzt werden. Wer Naturjoghurt verwendet, sollte die Zuckermenge verdoppeln.

INFO

Bei vielen Rezepten sorgt Ananas aus der Dose für die Geling-Garantie. Das Enzym in frischer Ananas, das Milch gerinnen und Gelatine nicht fest werden lässt, ist bei Dosenfrüchten schon abgebaut. Deshalb verwenden Sie immer Ananas aus der Dose, sobald Milch oder Gelatine im Spiel sind.

Schokoladen-Ananas-Auflauf

Zutaten für 2 Portionen:

350 ml Milch
50 g Grieß
Salz
1/2 EL Kakaopulver
2 EL Kokosraspel
3 EL Zucker
1/2 Dose Ananas in Stücken (die Hälfte von 560 g)
2 kleine Eier
Butter für die Form
etwas Puderzucker zum Bestäuben

Zubereitungszeit: 20 Min. (+ Abkühlzeit und 35 Min. Backzeit)

Milch aufkochen lassen, Grieß, Salz, Kakao, Kokosraspel und Zucker zugeben und unter Rühren in ca. 5 Min. zu einem dicken Brei kochen, dann erkalten lassen.
Backofen auf 180 Grad vorheizen. Eine Auflaufform (Inhalt: 1,5 Liter) mit etwas Butter fetten.
Eier trennen. Eigelbe unter den kalten Grießbrei rühren. Eiweiße mit dem Handrührgerät steif schlagen und vorsichtig unter die Grießmasse unterheben.
Masse in die Form füllen und die Ananasstücke hineinsetzen. Im Backofen 35 Min. backen. Auflauf mit Puderzucker bestäuben.

Sweet Dreams! Milchreis klassisch kombiniert mit Schoko und Birne. Hier wird der Milchreis ganz einfach im Ofen gebacken – Anti-Anbrenn-Garantie! Also kein lästiges Topfschrubben, sondern nur Schlemmen. Und durch den hohen Obstanteil bekommt das Gratin 10 Frische-Punkte extra!

VARIANTE

Sie können auch Beeren, Zwetschgen, Apfelspalten, Kirschen oder Ananas, Aprikosen oder Fruchtmix aus der Dose verwenden. Wenn Sie frisches Obst nehmen, den Milchreis mit 2 EL Zucker süßen und Saft durch Wasser ersetzen.

TIPP

Für Erwachsene den Birnensaft-Kondensmilch-Mix mit einem Schnapsglas Williams Christ oder anderem Obstler aromatisieren.

VARIANTE

Kondensmilch – also eingedampfte Milch – hat einen großen Vorteil: Sie gerinnt nicht. Deshalb lässt sie sich ohne Probleme mit Saft mixen und überbacken – sie nimmt nichts übel. Und sie ist übrigens viel fettärmer als Sahne. Alternativ können Sie statt Kondensmilch auch Kaffeesahne verwenden: Die hat 10% Fett. Notfalls tut's auch Sahne – die hat aber 30%.

Schokoreis Helene

Zutaten für 2 Portionen (oder für 4 Dessertportionen):

1 Dose Birnen (825 g)
1 Dose Kondensmilch (340 g, 7%)
1 Prise Salz
150 g Milchreis oder Risottoreis
2 EL Kakaopulver pur oder Raspelschokolade (bitter)

Zubereitungszeit: 20 Min (+ 25 Min Backzeit)

Backofen auf 200 Grad vorheizen. Birnen in einem Sieb abtropfen lassen. Saft auffangen.
Milch in einen Messbecher geben und auf etwa 600 ml mit dem Birnensaft auffüllen. Alles in einem Topf mit einer Prise Salz zum Kochen bringen. Milchreis einrühren und noch mal unter Rühren aufkochen.
Masse in eine runde, gefettete Auflaufform (Inhalt: 1,5 Liter) füllen. Birnen sternförmig in die Form legen. Milchreis darauf verteilen. Gratin im heißen Ofen auf der mittleren Schiene ca. 20 Min. backen.
Etwa 5 Min. vor Ende der Garzeit den Auflauf mit Kakaopulver oder Raspelschokolade bestreuen.

Vorsicht: diese Milchkaramellcreme macht süchtig! In Argentinien heißt sie Dulce de leche und ist nicht nur als Brotaufstrich der Renner. Die Argentinier essen sie auf Waffeln, Crackern, Keksen, Muffins, Crêpes oder mit Früchten, benutzen sie als Tortenfüllung, für Puddings, Eis oder andere Desserts.

Toffee-Tin

Zutaten für 20 Nachtischportionen (ca. 300 g):

1 Dose gezuckerte Kondensmilch (400 g)

Die Zubereitung ist mehr als einfach: Die geschlossene Dose ohne Etikett in einen großen Topf mit warmem Wasser stellen. Das Wasser zum Kochen bringen. Jetzt das Ganze bei mittlerer Hitze ca. 3 Stunden (je länger die Kochzeit, desto dunkler und zäher das Karamell) vor sich hin köcheln lassen. Wichtig: Die Dose muss immer mit Wasser bedeckt sein, also immer mal wieder nachfüllen. Dose abkühlen lassen und mit dem Dosenöffner öffnen. Hält sich im Kühlschrank mehrere Wochen.

Tipp

Gezuckerte Kondensmilch gibt es z.B. unter dem Namen »Milchmädchen« zu kaufen.

Oberstes Muffins-Gebot: Bloß nicht zu lange rühren (das kommt uns doch sehr entgegen, oder?), sonst werden die Muffins fest und zäh statt locker und luftig.

TIPP

Die ultimative Gar-Probe: Mit einem Holzstäbchen (Zahnstocher oder Schaschlikspieß) in den Teig piksen. Bleibt beim Rausziehen nichts am Stäbchen kleben, sind die Muffins fertig. Sonst 5 Min. weiterbacken und noch mal piksen.

TIPP

Natron ist ein Backtriebmittel und Bestandteil von jedem Backpulver. Damit die Muffins schön amerikanisch-fluffig werden, braucht man die Doppel-Power von Natron und Backpulver.

VARIANTE

Kokosmilch durch Buttermilch, Kefir, Joghurt oder Orangensaft ersetzen. Auch das Obst ist austauschbar. Fruchtmix oder Pfirsiche aus der Dose, Kirschen oder Blaubeeren im Glas oder tiefgekühlte Beeren passen gut. Toll schmecken auch getrocknete Ananasstücke in den Muffins. Für Schoko-Muffins 2 TL Kakaopulver zur Mehlmischung geben, Kokosraspel durch gemahlene Mandeln ersetzen und statt der Ananas 100 g Schokotröpfchen unter den Teig heben.

Jamaica-Muffins

Zutaten für 12 Muffins:

1/2 Dose Ananas in Stücken (die Hälfte von 560 g)
250 g Mehl
2 TL Backpulver
1/4 TL Natron (notfalls durch Backpulver ersetzen)
1 Prise Salz
60 g Kokosraspeln
2 Eier
150 g Zucker
1 Päckchen Vanillezucker
125 g zimmerwarme Butter oder Margarine
200 g Kokosmilch aus der Dose (400 g)

Zum Bestreuen:
30 g Zucker
20 g Kokosflocken

Zubereitungszeit: 15 Min. (+ 30 Min. Backzeit)

Backofen auf 180 Grad vorheizen. Ananas abtropfen lassen, den Saft dabei auffangen.
Mehl, Backpulver, Natron, Salz und Kokosraspeln in einer Schüssel mischen.
In einer zweiten Schüssel die Eier kurz verquirlen. Zucker, Vanillezucker, Butter in Stückchen, Kokosmilch und 50 ml des Ananassaftes zugeben. Alles nur ganz kurz verrühren, die Masse soll nicht glatt sein.
Mehlmischung dazu und wieder nur kurz rühren, so dass die Zutaten gerade eben verbunden sind. Ananasstücke unterheben. Eine Muffinsform mit Papiermanschetten auskleiden oder einfetten. Teig gleichmäßig in die Mulden füllen. Kokosraspel und Zucker mischen und auf die Muffins streuen. Auf der mittleren Schiene im Ofen 30–35 Min. backen. 5 Min. ruhen lassen, dann aus der Form lösen.

Schnelles Dessert oder schneller Snack, an heißen Tagen auch lecker als erfrischende Hauptspeise. Dann einfach alle Zutaten verdoppeln.

Mandarinen-Tiramisu

Zutaten für 2 Dessert-Portionen:

200 g Magerquark
1 Päckchen Vanillezucker
1 Dose Mandarinen (312 g)
1–2 EL Orangenlikör
30–50 g Löffelbiskuit oder Butterkekse
1 EL Mandelblättchen

Zubereitungszeit: 10 Min. (+15 Min. Wartezeit)

Mandarinen im Sieb abtropfen lassen, Saft auffangen. Quark mit 50 ml des Safts und Vanillezucker cremig schlagen. 1 EL des restlichen Safts mit Orangenlikör mischen. In zwei Dessertgläser oder Schalen im Wechsel Quark, Biskuit, Saft-Likör-Mix, Mandarinen und wieder Quark einschichten, mit Quark enden. Die Oberfläche mit Mandeln bestreuen, mit einer Mandarine garnieren und eine Viertelstunde durchziehen lassen.

VARIANTEN

Der Quark schmeckt auch mit Ananasstücken aus der Dose. Dann mit Kokosflocken bestreuen (Vorsicht: Funktioniert nicht mit frischer Ananas, die enthält ein Enzym, das den Quark bitter macht!). Viel sahniger wird das Rezept mit Quark 20% Fett oder mit Sahnequark! Weihnachtlich wird das Tiramisu, wenn Sie statt der Löffelbiskuits Leb- oder Honigkuchen nehmen und mit etwas Zimt bestäuben.

TIPP

Für 4 und mehr Personen die Mengen entsprechend erhöhen und das Dessert in eine Glasform einschichten.

Supereinfach, superschnell und superlecker – und das ganz ohne Eismaschine! Locker und luftig wird das Pfirsich-Parfait durch die geschlagene Sahne, raffiniert durch Marzipan und Zimt. Anti-Stress-Dessert, wenn Sie Gäste erwarten: Parfait einen Tag vorher machen, es übernachtet sowieso am liebsten im Gefrierfach und ist längst fertig, wenn die Freunde kommen.

Pfirsich-Parfait

Zutaten für 6–8 Portionen:

1 große Dose Pfirsiche (820 g)
2 Päckchen Vanillezucker
1/2 Packung Marzipan
400 ml Sahne
1 TL Zimt

Zubereitungszeit: 15 Min. (+ 5 Std. Kühlzeit)

Pfirsiche über einem Sieb abtropfen lassen, Flüssigkeit dabei auffangen. Die Pfirsiche zusammen mit 50 ml des Pfirsichsaftes, dem Vanillezucker und dem Marzipan (am besten etwas zerbröseln) in einen hohen Rührbecher geben und mit dem Pürierstab fein pürieren.
Die Sahne steif schlagen. Nach und nach vorsichtig mit einem Kochlöffel unter die Pfirsichmasse ziehen.
Eine Kastenkuchenform (Inhalt: 1,5 Liter) mit Klarsichtfolie auskleiden (sonst kommt das Parfait nie wieder aus der Form). Masse in die Form füllen und mindestens 5 Stunden, am besten über Nacht, einfrieren. Eine halbe Stunde vor dem Servieren zum Antauen in den Kühlschrank stellen.

TIPP

Bestreuen Sie das Parfait vor dem Servieren mit Haselnuss-Krokant oder gehackten Pistazien. Elegante Servieridee, wenn Gäste kommen: Machen Sie keine große Schüssel voll Parfait, sondern 8 kleine Parfaits (zum Beispiel in Muffins-Formen oder in flachen Gläsern).

VARIANTE

Tauschen Sie die Pfirsiche gegen Aprikosen, Ananas oder Fruchtmix aus der Dose. Schmeckt auch gut mit Backmohn statt Marzipan.

Knallbunt, mit viel Obst und absolut fettfrei – dieser Nachtisch macht Spaß!
Für die verschärfte Party-Version am Ende bei jeder Schicht 100 ml des Fruchtsaftes durch Wodka ersetzen und die Masse in kleine Schnapsgläser einfüllen.

VARIANTE

Für eine grüne Schicht: 2–3 Kiwis schälen, grob zerteilen und pürieren, mit Apfelsaft auf 250 ml auffüllen. 1 EL Zucker dazugeben und aufkochen. 3 Min. kochen lassen und leicht abkühlen. Wackelpuddingpulver Waldmeister einrühren, wie oben beschrieben zubereiten. Am Ende noch 250 ml Apfelsaft einrühren. Die gelbe Schicht schmeckt auch lecker mit Pfirsichen oder Ananas aus der Dose.

TIPP

Dazu passen Vanillesauce und kleine Obstspieße, z.B. aus Mandarinen, Erdbeeren, Mangostückchen oder Kapstachelbeeren.

INFO

Kiwi und Ananas enthalten Bromelin, ein Enzym, das das Festwerden der Gelatine verhindert. Deshalb ist es wichtig, diese Früchte zu kochen. So verliert das Enzym seine Wirkung. Damit die Gelatine im Wackelpuddingpulver auch vor Ehrfurcht erstarrt, darf sie weder aufgekocht noch in kochend heiße Flüssigkeit gerührt werden.

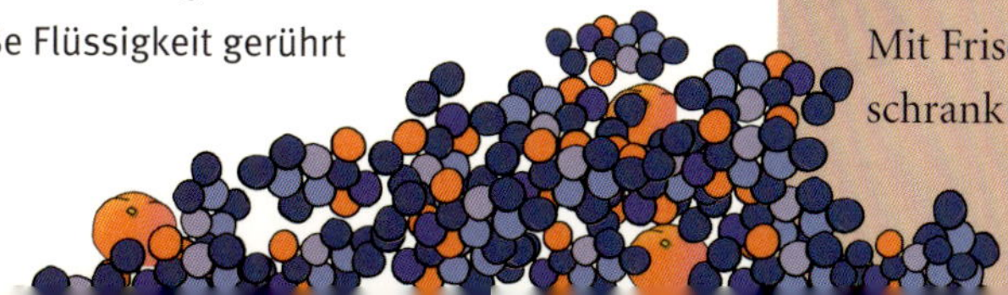

Frucht-Jelly

Zutaten für 8 Portionen:

1 Dose Aprikosen (420 g)
2 EL Zucker
1 Päckchen Instant-Wackelpudding Zitrone
200 g Himbeeren (TK)
ca. 300 Johannisbeersaft
1 Päckchen Instant-Wackelpudding Himbeere

Zubereitungszeit: 20 Min. (+ 6 Std. Wartezeit)

Aprikosen in einem Sieb abtropfen lassen, Saft dabei auffangen. Aprikosen fein pürieren, in einen Messbecher geben und mit dem aufgefangenen Saft auf 250 ml auffüllen. Püree zusammen mit 1 EL Zucker aufkochen und ca. 3 Min. sprudelnd kochen lassen. Kurz abkühlen lassen, dann das Wackelpuddingpulver Zitrone mit dem Schneebesen einrühren und 5 Min. quellen lassen. 250 ml des restlichen Saftes untermischen. Masse auf 8 Gläser (à 150 ml Inhalt) verteilen. Mindestens 3 Stunden kalt stellen. Wenn die gelbe Schicht fest genug ist, die rote Schicht zubereiten. Himbeeren pürieren. Das Püree mit Johannisbeersaft auf 250 ml auffüllen. Dann das Wackelpuddingpulver Himbeere und Zucker einrühren und 5 Min. quellen lassen. 250 ml Johannisbeersaft unterrühren und die Masse vorsichtig auf die erste Schicht geben.
Mit Frischhaltefolie abdecken und über Nacht im Kühlschrank fest werden lassen.

10 Dinge, die Sie über die Dose wissen sollten

Sie meinen, Sie wissen Bescheid? Weil ja schon Ihre Großmutter Dosen in der Küche hatte? Na ja – die Zeit bleibt auch bei Konservendosen nicht stehen. Moderne Technologie hat Fortschritte ermöglicht, von denen Ihre Oma nur träumen konnte. Und das Ergebnis ist verblüffend.

1. Vitamine aus der Dose

Hätten Sie das gedacht? Dosenfrüchte und -gemüse enthalten genauso viele Vitamine wie ihre marktfrischen Verwandten. Das haben die Forscher der Fachhochschule Niederrhein und des Instituts für Lebensmittelqualität in Willich nach allen Regeln der Kunst herausgefunden: Sie bereiteten Leipziger Allerlei, Sauerkraut, Tomatensauce, Erbsen und Möhren, Königsberger Klopse und noch einige andere Gerichte aus frischen Lebensmitteln zu und bestimmten den Gehalt an Vitamin B1, B2, B6, Folsäure, Vitamin C, E und A. Dann wurden dieselben Gerichte mit Zutaten aus der Dose zubereitet und gemessen. Was kam heraus? Es gab kaum einen Unterschied. Ein Wunder? Nur für den, der nicht weiß, was beim Konservieren in der Dose eigentlich passiert.

Das Gemüse wird unmittelbar nach der Ernte, direkt neben dem Feld, kurz vorgegart – in der Regel mit Heißdampf. Dann geht's ab in die Dose mit einem Aufguss samt würzender Zutaten, die Konserve wird luftdicht verschlossen, blitzschnell auf über 100 Grad erhitzt und ebenso fix heruntergekühlt. Dabei werden weniger Vitamine zerstört als zu Hause im Kochtopf. Denn auf dem heimischen Herd kommen die Vitaminkiller Luft und Licht ungehindert an die Lebensmittel – wie auch schon während der Lagerzeit der Zutaten.

Außerdem zerstört das Erhitzen die Enzyme, die die Vitamine zersetzen. So bleibt der Vitamingehalt in der Dose stabil. Sie können sich also getrost von Konserven ernähren: Vitaminmangel gibt's dadurch nicht!

2. Mineralstoffe gefällig?

Calcium, Eisen, Magnesium, Natrium und andere Mineralstoffe sind weder durch Hitze noch durch Dunkelheit oder Luftmangel zu zerstören. Deshalb behalten Lebensmittel in der Dose den vollen Gehalt an diesen Nährstoffen. Alles, was an Mineralstoffen im Topf ist, ist auch in der Dose. Und manchmal sind sie sogar besser verfügbar als in frisch zubereiteten Gerichten. Gerade knappe Mineralstoffe können mit der richtigen Konserve prima wieder aufgefüllt werden. Thunfisch in allen Varianten, köstliche Ölsardinen oder Hering enthalten viel lebenswichtiges Jod. Erschöpfung, Kopfschmerzen oder Konzentrationsschwierigkeiten – das könnten Anzeichen für einen Eisenmangel sein. Dagegen helfen Wiener Würstchen und Knacker, Corned Beef und Saftfleisch. Muskeln brauchen Magnesium. In Zuckermais, Linsen, Bohnen und Kichererbsen steckt jede Menge des wertvollen Spurenelements.

Je älter die Dose ist, desto gleichmäßiger verteilen sich die Mineralstoffe in Flüssigkeit und festen Lebensmitteln – also auch im Aufguss. Deshalb: nicht wegkippen, sondern zum Kochen verwenden!

Und wenn das Rezept keine Verwendung für den Sud bietet? Dann gibt's noch jede Menge alternative Verwendungsmöglichkeiten: ab ins Salatdressing oder Reis oder Couscous damit kochen oder ihn ins Kartoffelpüree stampfen.

3. Bitte nicht kochen! 

Der Inhalt von Dosen wird durch Hitze haltbar gemacht: Die verschlossene Dose wird auf über 100 Grad erhitzt – das ist Kochtemperatur. Der Doseninhalt ist also bereits gegart. Landet er in kalten Gerichten, wie z.B. Maiskörner oder Erbsen in Salaten, kann er direkt aus der Dose verwendet werden. Bei warmen Fertiggerichten genügt bloßes Erwärmen – die Suppen, Eintöpfe und Saucen müssen also nicht noch einmal aufkochen, wie zu Großmutters Zeiten üblich! Aufläufe aus dem Backofen sind deshalb besonders schnell fertig: Die Zutaten müssen nicht mehr garen, sondern nur noch heiß werden. Also: Konserveninhalt nie länger erhitzen als fürs Rezept notwendig. Denn wenn Sie die vorgegarten Lebensmittel noch einmal kochen, werden Vitamine und Mineralstoffe zerstört.

4. Lebensmittel aus Dosen sind schon gewürzt! 

Alle Fertiggerichte sind bereits abgeschmeckt – sonst wären sie ja nicht fertig! So enthalten auch Gemüsedosen im Aufguss immer etwas Salz – der Inhalt wäre sonst geschmacklos. Probieren Sie also immer erst, bevor Sie nachsalzen. Das Gleiche gilt für Zucker. Der wird dem Aufguss bei Obstdosen bereits beigefügt: Farbe und Aroma bleiben so besser erhalten. Das weiß jeder, der schon mal selbst eingemacht hat. Was Gewürze angeht, sind Ihrer Phantasie aber keine Grenzen gesetzt. Deshalb finden Sie bei den Rezepten jede Menge Anregungen für Varianten. Gehackte frische Kräuter, Ingwer, Knoblauch, Zwiebeln, aber auch Paprikapulver, Curry oder Pfeffer aus der Mühle geben den Gerichten Frische und Pfiff. Zitronensaft oder Wein runden den Geschmack würzig ab, ebenso Sauerrahm oder süße Sahne. Wenn Sie doch einmal zu tief ins Salzfass gegriffen haben: Ein Schuss Milch oder etwas Honig mildert das Malheur.

5. Keine Konservierungsstoffe! 

Was die Lebensmittel in der Dose konserviert, sind die Hitze und die Dose selbst – und keine Zusatzstoffe. Bei über 100 Grad unter Luftabschluss wird der Inhalt der Dose völlig sterilisiert. Dieser Prozess läuft heute computergesteuert ab, damit die Dose ausreichend, aber keine Sekunde zu lang erhitzt wird. Die Hitze tötet sämtliche Keime – der Inhalt kann nicht mehr verderben. Zusätzlicher Vorteil: Die Dose braucht keine speziellen Lagerbedingungen. Eine geschlossene Lebensmitteldose muss nicht im Kühlschrank aufbewahrt werden. Sie können sie ganz einfach im Küchenregal, im Keller oder in der Vorratskammer lagern. Ob in der Wüste oder im Dschungel – der Inhalt der Dose bleibt einwandfrei. Eigentlich ist sie ewig haltbar, solange die Dose dicht ist. Warum steht aber ein Mindesthaltbarkeitsdatum darauf? Weil der Hersteller bis zu diesem Zeitpunkt die Qualität garantiert. Danach ist der Inhalt noch essbar, aber schmeckt möglicherweise nicht mehr so gut. Achtung: Wenn sich der Dosendeckel oder -boden nach außen wölbt – genannt Bombage –, darf der Inhalt nicht mehr gegessen werden!

6. Für mich nur bleifrei! 

Lebensmittel aus Dosen enthalten keinerlei Metalle. Früher schmeckte der Inhalt der ersten Dosen tatsächlich manchmal metallig. Doch diese Zeiten sind längst vorbei. Moderne High-Tech-Innenbeschichtungen machen es möglich, dass die Lebensmittel unberührt bleiben. Selbst Beulen, Knicke oder Dellen in der Dosenwand sind kein Problem, weil die Beschichtungen so elastisch sind, dass sie auch Stürze und damit Verformungen bestens überstehen.

7. Dosen-Reste? Kein Problem!

Immer noch geistern Geschichten herum, dass eine geöffnete Dose unbedingt umgefüllt werden müsse, sonst würden sich Schadstoffe entwickeln. Diesen Ratschlag können Sie getrost vergessen! Eine moderne, nach EU-Norm hergestellte Dose des 21. Jahrhunderts ist innen rundum beschichtet. Egal ob verschlossen oder geöffnet: Aus dem so behandelten Weißblech können keine Stoffe in den Doseninhalt übergehen. Allerdings gehört eine geöffnete Dose in den Kühlschrank, denn nach dem Öffnen ist die Konservierung beendet. Die Lebensmittel sind dann 2–3 Tage haltbar. Wenn die Dose mit einem Kantenfrei-Dosenöffner der neuen Generation »geköpft« wurde, haben Sie gleich einen idealen Deckel zum lockeren Verschließen. Einfacher geht's wirklich nicht!

8. Dosen öffnen ist (k)eine Kunst!

Hungrig vor einem Regal voll mit köstlichen Dosen zu stehen ohne Öffner – das kann zum Albtraum werden. Zumindest einen starken Mann musste man in der Frühzeit der Dose haben, um an den leckeren Inhalt zu kommen. Mit Hammer und Meißel wurde die Dose bearbeitet. Der Zangenöffner, bei dem ein Dorn in den Dosendeckel geschlagen und der Deckel dann Zug um Zug aufgeschnitten wird, findet sich sicher noch in vielen Küchenschubladen. Er hat vor allem zwei Nachteile: Das Öffnen kostet viel Kraft und es hinterlässt messerscharfe Ränder an Dose und Deckel. Der elektrische Dosenöffner wiederum konnte sich nicht richtig durchsetzen, weil seine Handhabung zu kompliziert ist.
Seit ein paar Jahren gibt es den so genannten Kantenfrei-Dosenöffner – eine wahre Innovation. Denn er schneidet nicht, sondern trennt in der Falznaht den Deckel von der Dose. Und zwar so, dass keine scharfen Kanten entstehen und sich jede Dose mit ihrem Deckel wieder locker verschließen lässt. (Vgl. Anleitung S. 8) Noch einfacher geht es mit Aufreißdeckel-Dosen (Ring-Pull), die liefern den Dosenöffner gleich mit.

9. Dosen sind umweltfreundlich!

Klar, für die Herstellung von Dosen werden Rohstoffe verwendet. Bei Weißblech ist es Stahl, der sich problemlos recyceln lässt! Mit einem Magnet lässt sich das Blech ganz einfach von anderen Wertstoffen trennen. Und die Wiederverwendung ist garantiert. Rund die Hälfte des weltweit hergestellten Stahls wird heute aus Schrott geschmolzen. Über 80% der Weißblechdosen werden heute wiederverwertet. Zusätzlich kostet es keine Energie, Dosen zu lagern, weil sie nicht bei einer bestimmten Temperatur aufbewahrt werden müssen.

10. Dosen sind ein Klassiker!

Lebensmittel durch Erhitzen zu konservieren – diese Methode ist schon 200 Jahre alt. Sie wurde fast gleichzeitig in Frankreich in Glas und England in Dosen erfunden. Im Jahrhundert der Industrialisierung war der Siegeszug der Lebensmitteldose nicht mehr aufzuhalten. Bevor jeder einen Kühlschrank besaß, gab es nur Dosen, um Lebensmittel haltbar zu machen. Übrigens: Warum diese Methode funktioniert, fand erst 60 Jahre später der französische Chemiker Louis Pasteur heraus: Er wies nach, dass Mikroben, die für Fäulnis und Gärung verantwortlich sind, durch Hitze zerstört werden können.

Die Dosenköche

Keine Lust mehr auf immer dieselben Gerichte? Warum nicht mal was Neues ausprobieren? Clevere Dosenköche kennen schon lange einfache Tricks, mit denen sich aus Altbekanntem, wie z.B. einer Dose Thunfisch oder Tomaten, etwas Leckeres zaubern lässt. Aber wie wird man ein cleverer Dosenkoch? Ganz einfach: mit Lebensmitteln aus der Dose. Über deren Vielseitigkeit und Qualität informiert die Initiative »Die Dosenköche«. Darüber hinaus hat eine wissenschaftliche Studie bewiesen, dass Lebensmittel aus der Dose genauso viele Vitamine wie frische Lebensmittel im verzehrfertigen Zustand haben. Na also! Kochen kann ganz einfach, lecker und gesund sein.

Haben Sie weitere Fragen zu gesunder und vielseitiger Ernährung aus der Dose? Die Initiative »Die Dosenköche« steht Ihnen gern zur Verfügung. Schnell und bequem lassen sich aktuelle Informationen auf der Website www.die-dosenkoeche.de abrufen. Auch sind »Die Dosenköche« unter der Hotline 0180-4 00 04 06 (24 Cent pro Anruf) zu erreichen.

Hinter der Initiative »Die Dosenköche« stehen 29 namhafte deutsche Unternehmen – Hersteller von Lebensmitteln und Verpackungen –, die sich im Jahr 2000 zu einer Initiative für Lebensmittel aus der Dose zusammengeschlossen haben.
Dazu zählen: Bonduelle, BUSS, Campbell's Germany, Dreistern, Erasco, H.J. Heinz, Hengstenberg, Jazai, Lacroix, Lipperland, Maloo, Meica, Simon, Sonnen Bassermann, Spreewaldhof, Crown Nahrungsmitteldosen, Ferrum, HOBA Lacke und Farben, ICI Pakkaging Coatings, Impress Metal Packaging, Informations-Zentrum Weißblech, Kleemann, May Verpackungen, Rasselstein, Rhenania Coatings, Satori Stocktec, Valspar, Verband Metallverpackungen, Vogel & Noot.

Safe & Secure – der Dosenöffner von Zyliss

Der Name Zyliss AG steht für Küchenhelfer mit außerordentlich hoher Qualität – ideal für den modernen und mondänen Haushalt. Die Marke steht für die Schweizer Tugenden Qualität und Innovation, die sich in einem jeden unserer Produkte widerspiegeln.

Mit einem Sortiment von 186 verschiedenen Produkten garantiert Zyliss für jede anstehende Küchenarbeit eine individuelle Lösung und liefert dabei stets einen originellen Zusatznutzen.

Der hohe Bekanntheitsgrad unserer Produkte beruht auf ihrem attraktiven, universellen Design, das stets kombiniert wird mit außerordentlicher Funktionalität und Solidität.

Der Zyliss-Dosenöffner Safe & Secure ist gegenüber herkömmlichen Dosenöffnern ein Quantensprung in Sachen Komfort, Sicherheit und Design. Gefahrlos für Groß und Klein, öffnet er Lebensmitteldosen ohne scharfe Kanten. Durch seine ergonomische Formgebung liegt der Öffner perfekt in der Hand. Dank der integrierten Mini-Zange lässt sich der Dosendeckel nach dem Öffnen bequem anheben. Und das Beste: Man kann die angebrochene Dose mit dem passgenau abgenommenen Deckel wieder schließen und im Kühlschrank aufbewahren.

Fortschritt und Sicherheit kombiniert in einem Gerät: der Zyliss Dosenöffner Safe & Secure.

Rezeptregister